国球魅力：

乒乓球教学、训练创新与探索

曾　伟◎著

中国农业出版社
农村读物出版社
北　京

图书在版编目（CIP）数据

国球魅力 ：乒乓球教学、训练创新与探索 / 曾伟著 ．
北京 ：中国农业出版社，2024．6． -- ISBN 978-7-109
-32024-6

Ⅰ．G846．2

中国国家版本馆 CIP 数据核字第 2024NG7983 号

中国农业出版社出版

地址：北京市朝阳区麦子店街 18 号楼

邮编：100125

责任编辑：黄 曦　　策划编辑：姜爱桃

版式设计：杨 婧　　责任校对：吴丽婷

印刷：北京中兴印刷有限公司

版次：2024 年 6 月第 1 版

印次：2024 年 6 月北京第 1 次印刷

发行：新华书店北京发行所

开本：700mm×1000mm　1/16

印张：12.25

字数：252 千字

定价：58.00 元

前言

在教育事业和体育事业发展的推动下，在"健康第一""终身体育""创新教学"等思想的指引下，高校体育课程如何开展已经成为现阶段非常重要的一个研究课题。高校是人才培养的重要基地，也是学生提升自身综合素质的学习场所。乒乓球是一项普及度较高，已经走入高校中的重要体育项目，其在高校体育中占据着重要的位置。乒乓球运动对场地要求不高，开展简单易行，但其速度快、变化多，对参与者的应变能力有着极高的要求。这些都将其特有的魅力体现了出来，这也是乒乓球课程教学在高校中受到学生欢迎并普遍开展的重要原因。

尽管高校乒乓球课程已经普遍开展，但是，现阶段其开展状况并不十分理想，仍存在着一些制约因素，使其总体发展相较于篮球、足球等课程的开展还是要逊色一些。比如，学校中对乒乓球课程的宣传和知识引导还不到位，学生对乒乓球的了解还不够全面和深入；关于高校乒乓球课程教学的研究在数量和质量上都还有上升空间，理论指导不理想；在乒乓球训练方法方面缺乏创新，教学效果也有待进一步提升。这些都不利于高校乒乓球课程教学的进一步发展，鉴于此，我们撰写了《国球魅力：乒乓球教学、训练创新与探索》一书，希望能够从理论和实践方面入手，全面深入地研究高校乒乓球课程教学与训练，全面优化和提升乒乓球课程教学与训练的效果。

本书共八章，主要内容包括高校乒乓球教学及课程建设现状、高校乒乓球教学理论体系、高校乒乓球课程内容资源的挖掘与优化、高校乒乓球课程教学方法与模式的创新与优化、高校乒乓球课程组

织与评价的优化、高校乒乓球体能教学与训练方法、高校乒乓球技术教学与训练技巧、高校乒乓球战术教学与训练技巧。本书结构清晰，内容丰富全面，从高校乒乓球课程教学与训练的各个方面对其进行了全方位的分析和研究，充分体现出了其科学性、系统性、针对性、发展性、全面性等显著特点，可以说，本书在高校乒乓球教学与训练方面应有一定的指导和借鉴作用，希望读者阅读后有所收获。

本书在撰写过程中，参考了部分专家学者的相关研究成果和观点，在此表示最诚挚的感谢！另外，由于时间和精力有限，书中还存在一些不足之处，敬请广大读者指正！

著　者

2024 年 2 月

目 录

第一章
高校乒乓球教学及课程建设现状

乒乓球是我国的"国球",这项体育运动具有竞技性、健身性、娱乐性等特征,具有增强体质、提升智力、休闲娱乐、社会交往等功能。在高校普及乒乓球运动、开设乒乓球课程、完善乒乓球教学,有助于改善大学生的健康现状,提升大学生的体质健康水平和思维能力,同时能培养大学生果敢坚忍的意志品质和良好的社交能力。本章主要就高校乒乓球教学及课程建设现状进行分析,首先阐述乒乓球运动的基本理论知识,其次简要分析乒乓球运动在我国高校的发展概况,最后指出我国高校乒乓球教学与课程建设的现状与问题。

第一节　认识乒乓球运动

乒乓球比赛富有娱乐性和观赏性,竞争的场面充满了控制与反控制、适应与反适应,同时有一定的偶然性。乒乓球比赛必须分出胜负,没有平局,双方须尽力把球击到对方台区,力争自己不失误,争取得分。击球时,只能在球从本方台面跳起后一次击球过网,运动员的技术、战术、意志品质诸因素均融合在这一次击球之中,因此乒乓球运动具有对抗性强、速度快和精度高等特点。乒乓球运动趣味浓厚、器材简单、易于掌握,很容易在群众中开展。

一、我国乒乓球运动的发展简史

新中国成立后,乒乓球运动在我国的发展经历了以下几个时期。

第一阶段　领先于世界(20 世纪 50 年代)。

第二阶段　技术创新、改革与发展:20 世纪 70 年代,中美开展"乒乓外交"。我国在这一时期形成了新型直板反胶进攻打法和横直板两面不同性能球拍的"倒板"打法。这些创新推动了我国乒乓球运动的进一步发展。

第三阶段　培养新人，再创辉煌：在 1981 年的世界乒乓球锦标赛上，我国乒乓球运动员夺得 7 项冠军，达到新的高峰，创造了奇迹。在 20 世纪 80 年代的五届世乒赛中，中国选手获得的金牌数占到金牌总数的 80%。

第四阶段　为国争光，永攀高峰：20 世纪 90 年代，世界乒乓球呈多元化发展趋势，我国乒乓球运动的发展受到潜在威胁。在第 40 届、第 41 届世界乒乓球锦标赛上，中国队接连失利，经过反思后重整旗鼓、狠抓管理、培养新人，最终走出低谷，在第 42 届世乒赛上夺得 4 项冠军，再创辉煌。21 世纪以来，中国乒乓球队在世界乒坛上延续强势，依然处于顶峰，中国乒乓球运动员不断在世界大赛中创造佳绩，为国争光。

纵观我国乒乓球运动的发展历史，有过辉煌，有过低谷。值得骄傲与庆幸的是，目前我国乒乓球竞技水平在世界乒坛上继续占领顶峰，而且中国"乒乓精神"对一代又一代的乒乓球选手产生了巨大的激励作用，成为乒乓球运动员努力奋斗、刻苦钻研、开拓创新、为国争光的重要动力，这种精神也激励着每一个中国人，对人民群众的生活有着潜移默化的正面影响。

二、乒乓球运动的专项技术特征

竞技运动员在竞技比赛中能否获胜，关键要看其竞技能力也就是参赛能力如何。运动员的竞技能力由体能、技能、心智三大要素构成，不同的构成要素，其表现形式、功能作用都是不同的。各要素之间相对独立，也相互联系，相互影响。下面主要从技能方面对乒乓球专项技术特征进行分析（见图 1-1）。

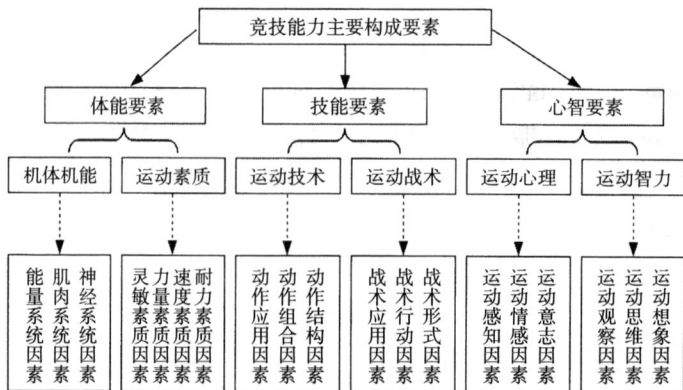

图 1-1　竞技能力主要构成要素①

① 胡亦海. 竞技运动训练理论与方法 [M]. 北京：人民体育出版社，2014.

（一）技术多样性

乒乓球体积小，重量轻，旋转多，所以乒乓球技术多种多样，而且变化快，这是乒乓球运动和其他球类项目相比最明显的特点之一。不管是发球、接发球，还是进攻与防守，都会产生复杂多变的旋转。

（二）技术细腻性

乒乓球技术在"三小球"中是最细腻的，这与这项运动本身的属性有关，乒乓球体积小、速度较快、动作变化多，具有较强的技巧性。细腻的技术对运动员的神经系统功能、运动部位的感知能力提出了较高的要求，因此在乒乓球运动中培养球员的球感非常重要。

（三）技术立体化

在乒乓球运动中，运动员发球和接发球的范围是一个立体空间，包括前后、左右、上下多个维度和角度。竞技乒乓球运动中对抗双方的较量是全方位的，任何一方的作战都必须是立体性的，要在不同的站位上都表现出自己的竞技实力，所以说乒乓球比赛是一场全方位的立体空间作战活动。只有在特定空间范围内的不同站位发挥全面的技战术，才能提高获胜的概率。

（四）技术个性化

优秀的乒乓球选手都有自己的个性与风格，都有自己的特长与优势，这是乒乓球运动的一大魅力。没有自己风格、特长不突出、个性不明显的运动员在乒乓球比赛中很难轻松制胜。

（五）女子技术男性化

竞技乒乓球运动需要运动员具备积极主动、灵活应变、全面分析、准确判断、冷静处理的意识，这些意识中蕴含着很多品质内涵，如有胆有谋、悟性高、意志坚强等。男性运动员在技战术速度、力量、对抗强度等方面具有较大优势。在现代乒乓球运动的发展中，女子选手在技术运用上越来越偏向于男性化，技术水平越来越高。

三、乒乓球运动的价值

"生命在于运动""运动是长寿的源泉"，这是生命科学的基本规律。人体的各器官都是"用进废退"。现代医学认为人的健康标准有两条：一是人的生理健康，二是人的心理健康。所以健康的含义应该是身心健康。健康长寿是人类梦寐以求的理想。健康是不会从天而降的，它是天天坚持锻炼的结果。乒乓球运动就是很好的锻炼方法。

（一）乒乓球运动有益于人的生理健康

打乒乓球要用脑、眼、手、耳、腰、臂、腿、脚、内脏器官、神经系统、肌肉，身体各部分都能得到全面的锻炼。打球时，一会儿积极跑动去接球，一会儿走着去捡球，一场球打下来要移动 1 000～3 000 米，从而使腿、脚得到了锻炼。人们常说脚是第二心脏，延年益寿始于足下。从事乒乓球运动能增强心肺功能，促进血液循环，从而增强体质、提高学习和工作的效率。

乒乓球运动能使人的身体变得灵活、敏捷。打乒乓球首先要判断对方来球的路线、速度、力量、旋转方向、落点，然后才能决定采用什么技术将球击回去。从判断到回击来球，这一切需要在百分之几秒的时间内完成。经常从事乒乓球运动会使中枢神经系统的机能得到增强。经测定，乒乓球速度最快可达 24 米/秒，而乒乓球运动员的反应速度为（0.482±0.038）秒。乒乓球运动员能够如此灵活、敏捷、反应快，完全是他们长期坚持训练的结果。

乒乓球运动能改善视觉器官的机能。由于乒乓球小而轻，速度快，变化复杂，要求打球人能迅速判断出落球点，因此，经常打球，可以提高双眼眼肌的协调能力，提高视觉对各种不同来球的判断能力。在长时间的学习、工作之后，打打乒乓球有利于消除眼睛的疲劳，增强视力。

此外，乒乓球运动还能增强人体的快速反应的力量和耐力，经常从事乒乓球活动，还能提高手臂击打的爆发力。

（二）乒乓球运动能促进人的心理健康

乒乓球运动不仅能促进人的生理健康，而且是促进心理健康的一剂良方。当你在球场高高兴兴地打乒乓球时，这种欢乐的情绪有助于你的心理健康。

（三）乒乓球运动能促进人的智力发展

大脑是人体的神经中枢。它有三大功能：生理调节、心理调节和智能开发。脑科学研究成果表明：人的衰老主要是脑细胞死亡造成的。因此，只有脑运动才能促进脑健康，脑健康才能更好地发挥它的功能。也就是说，只有脑健康才能真正地健康长寿。因此，说"生命在于脑运动"才更科学、更精确。

乒乓球运动不仅仅要求四肢发达，重要的是脑体结合。乒乓球比赛是在斗智斗技，每个运动员都必须不断观察、判断、记忆，思考赛场上的情况，打每一板球都要动脑。这对保持神经系统的功能、防止神经系统的老化有重要作用。积极参加乒乓球运动，勤动脑、善动脑，自然会增加脑细胞的血流量，进而使大脑更加积极活动。这种脑体运动的结合必然促进人的思维能力，促进智力发展。

四、乒乓球术语

（一）球台术语

1. 端线

端线是球台两端与球网相互平行的白线，宽 2 厘米。

2. 边线

边线是球台两侧垂直于球网的白线，宽 2 厘米。

3. 中线

中线是球台中央平行于边线的白线，宽 3 毫米。

4. 全台

整个球台为击球范围，没有限定落点范围。

5.1/2 台

击球范围占全台 1/2，包括左半台和右半台。

6. 2/3 台

击球范围占全台 2/3，有左右之分。

边线、中线如图 1-2 所示，右 2/3 台如图 1-3 所示。

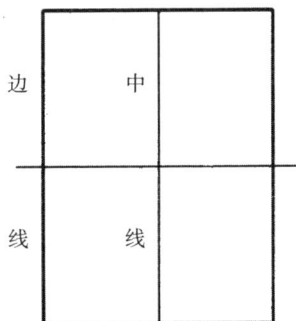

图 1-2　边线与中线

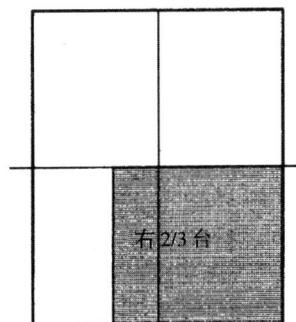

图 1-3　右 2/3 台

（二）球台区域

1. 底线区

球的落点在对方台面底线区或自己端线附近，与端线相距 30 厘米以内的区域。

2. 近网区

球的落点在与球网相距 40 厘米以内的区域内，球反弹后第二落点在球台端线内。

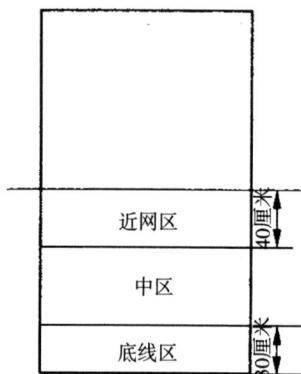

3. 中区

球落在台面的中间位置。

球台区域如图 1-4 所示。

（三）站位与击球距离

1. 站位

站位指的是击球之前的基本位置。常见站位如图 1-5 所示。

（1）近台

站位在与球台端线相距 50 厘米以内的范围。

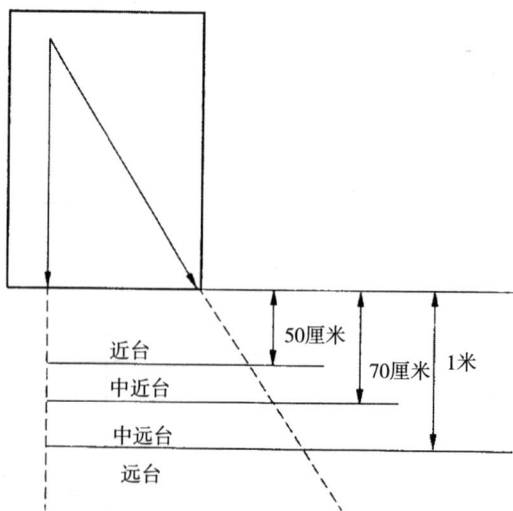

图 1-4 球台区域

图 1-5 常见站位

（2）中近台

站位在与球台端线相距 50～70 厘米的范围。

（3）中远台

站位在球台端线相距 70～100 厘米的范围。

（4）远台

站位在与球台端线相距 1 米以外的范围。

2. 击球

根据不同的站位，对应的击球方式有以下几种。

（1）近台击球

在与球台端线相距 30～50 厘米的区域内击球。

（2）中近台击球

介于近台与中近台之间击球。

（3）中远台击球

介于中近台与中远台之间击球。

（4）远台击球

在远台（距离端线 1 米外）区域击球。

（四）击球点

击球点是指在击球时，球拍同球相接触的瞬间的那一点所处的空间位置，这一位置是相对于击球者所处的位置来说的。击球点包含以下要素。

（1）球在身体的前后位置。

（2）球与身体距离的远近。

（3）球空间位置的高低。

击球点与击球者、击球时间密切相关，运动员步法不到位很容易造成击球点不准。

（五）击球路线

击球路线指的是击球点到球落点之间所形成的线。

1. 基本路线

以击球者为基准，大致将击球路线分为以下几条。

（1）左方斜线。

（2）左方直线。

（3）中路直线。

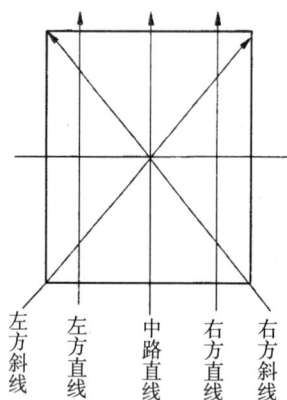

图1-6 基本击球路线

左方斜线 左方直线 中路直线 右方直线 右方斜线

（4）右方直线。

（5）右方斜线。

基本击球路线如图1-6所示。

2. 详细路线

在基本路线的基础上，又可以细分出9条击球路线，如图1-7所示。

（1）左方3条路线

对方的右方、中路、左方。

（2）右方3条路线

对方的左方、中路、右方。

（3）中间3条路线

对方的中路、左方、右方。

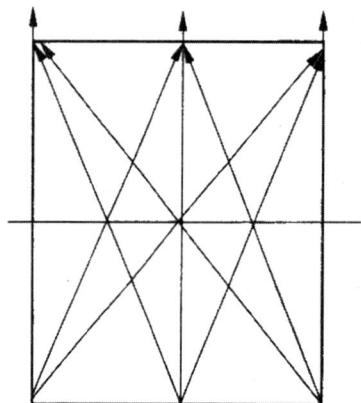

（六）击球时间

击球时间指的是来球在本方台面弹起之后，其运行轨迹从着台点上升再下降至触及地面以前的过程。具体可以划分为以下几个阶段（图1-8）。

1. 上升前期

球弹起刚刚上升的阶段。

2. 上升后期

球弹起上升到与最高点接近的阶段。

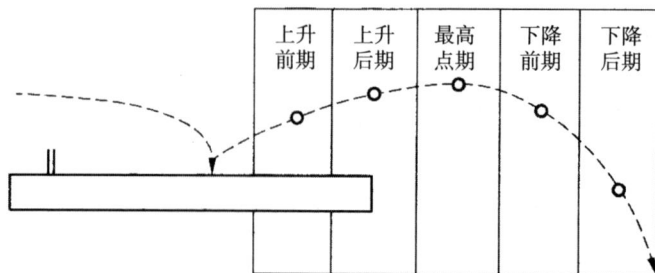

3. 最高点期

球弹起上升到最高点的阶段。

图1-7 9条击球路线

上升前期 上升后期 最高点期 下降前期 下降后期

图1-8 击球具体时间

4. 下降前期

球从最高点开始下降的阶段。

5. 下降后期

球下降到触地前的阶段。

(七) 击球部位

击球部位是击球时球拍触碰球的具体部位。以表盘形式对不同击球部位的标注如图 1-9 所示。

1. 上部

拍触在球的"12"处附近。

2. 上中部

拍触在球的"1"处附近。

3. 中上部

拍触在球的"2"处附近。

4. 中部

拍触在球的"3"处附近。

5. 中下部

拍触在球的"4"处附近。

6. 下中部

拍触在球的"5"处附近。

7. 下部

拍触在球的"6"处附近。

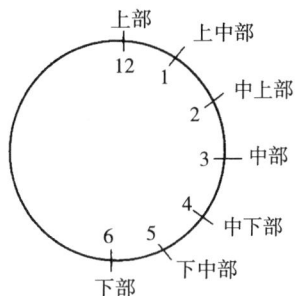

图 1-9 击球部位

(八) 球拍拍形

1. 拍面角度

拍面角度是指整个拍面同球台面所构成的角度。当这个角度小于 90°时，称之为"前倾"；当角度大于 90°时，称之为"后仰"。

击球部位不同，对应的拍面角度也不同。

（1）拍面向下

球拍触球接近球在"12"点的部位。

（2）拍面前倾

球拍触球接近在"1"点的部位击球。

（3）拍面稍前倾

球拍触球接近在"2"点的部位击球。

（4）拍面垂直

球拍触球接近在"3"点的部位击球。

（5）拍面稍后仰

球拍触球接近在"4"点的部位击球。

（6）拍面后仰

球拍触球接近在"5"点的部位击球。

（7）拍面向上

球拍触球接近在"6"点的部位击球。

球拍拍形如图1-10所示。

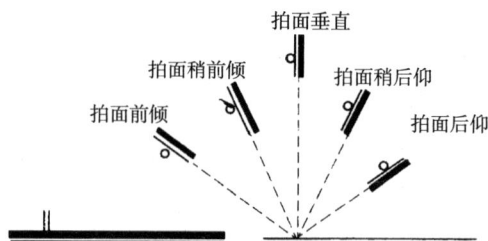

图1-10　球拍拍形

2. 拍面方向

拍面方向是指击球过程中球拍拍面的朝向。拍面朝左时，击球的右侧；拍面朝右时，击球的左侧；拍面朝前时，击球的后方。通过调整拍面方向可以掌握相应的击球动作。

（九）击球节奏与摆速

1. 击球节奏

击球节奏是指由于击球时机、发力大小、摩擦球厚薄等因素的影响，在击球时所形成在击球速度上快慢不同的节奏。

2. 摆速

摆速是指击球过程中左右两面照顾时，持拍手摆动的快慢。

（十）发力方向与发力方法

1. 发力方向

发力方向是指击球时向着哪一个方向发力，同一个拍形可以出现不同的发力方向。

2. 发力方法

发力方法是指运动员身体各部位在击球时的发力顺序和主次关系，尤其是大臂和小臂之间的发力顺序以及主次关系。

（十一）下旋推、推下旋

下旋推：这是在对推中回球旋转性能的一种推挡技术。回球弧线低，落点长，带下旋，落台后往前滑。

推下旋（推对方击过来的下旋球，也叫搓中推）：这是变搓攻为对攻的一种过渡技术，回球呈上旋，弧线较高，球速较慢。

（十二）技术风格

技术风格是指运动员在比赛中，使用技术和运用战术的个人特点。同一类型打法的运动员，可以具有不同的技术风格。例如，李富荣、李景光、容国团都是直拍推挡攻打法，分属"快而狠""快而稳""快速多变"三种风格。反之，同一技术风格的运动员，也可以是不同的类型打法。

第二节 乒乓球运动在高校中的发展概况

一、高校大学生对乒乓球运动的认知情况

（一）喜爱情况

当前，我国高校设置的体育课程丰富多样，大学校园中流行的体育项目五花八门，高校体育课从以班级为单位，统一上同一门课程的形式逐渐发展为学生根据自己的兴趣爱好选修课程的形式。大学生在决定选修哪门体育课时，往往会从自己的兴趣、需要、特长、身体活动能力和考试能力等实际情况出发。为了满足不同大学生的需求，高校开设多样化的体育课，大学生的选择面广，从他们选择的课程中可以看出他们对不同体育项目的喜爱程度。调查发现，高校喜欢乒乓球运动的大学生比较多，这与乒乓球运动是我国的"国球"，影响力巨大，而且乒乓球运动具有健身、娱乐等功能有很大的关系。

（二）参与情况

1. 参与态度

人对待任何事物的行为活动是由其对该事物的态度所决定的。学生的学习行为表现由其学习态度所决定，而学习态度又反映在学习行为习惯中。学习态度积极的学生往往会主动学习，学习效果较好，而持消极学习态度的学生在被动学习中难以取得理想效果，学习成绩也难以令人满意。调查发现，高校大学生积极参与乒乓球运动的情况还是比较乐观的，参与态度积极的学生较多，消极被动和持无所谓态度的学生相对较少。主动参与乒乓球运动的学生大都喜爱乒乓球运动，并且希望通过参与这项运动来锻炼身体，丰富校园生活。而部分大学生之所以没有积极参与乒乓球运动或没有选修乒乓球课程，一方面与其自身的兴趣爱好有关；另一方面与学校乒乓球教学条件有关，如硬件教学条件简陋，缺乏场地器材，课堂上教师的教学风格无法使大学生专注学习课堂知识，无法调动学生的学习积极性。

2. 参与动机

大学生参与体育活动是内在动机驱使的结果，动机的功能作用主要表现为行为定向、调节行为方向、强化行动、维持习惯等。良好的体育学习动机有助于提高大学生参与体育活动的效果。通过调查发现，大学生参与乒乓球运动的动机主要集中在锻炼身体和娱乐放松两个方面，此外，以展示特长与个性、结交朋友、锻炼意志为动机与目的而参与乒乓球运动的学生也占到一定的比例，不管大学生出于什么动机和目的参与乒乓球运动，只要动机合理，目标明确，都是值得肯定的，这些动机能够推动大学生积极参与学校乒乓球活动，促进乒乓球运动在大学校园的普及与推广。

3. 参与行为

调查发现，高校中经常参与乒乓球运动的学生不及经常参加篮球、跑步等运动的学生多，大学生不经常参加乒乓球运动的原因包括场地有限、设施条件差、环境氛围不和谐、得不到有效指导等。参与频率低制约了乒乓球运动在高校的全面普及与广泛开展。

二、高校乒乓球课程开设情况

高校设置的体育课程对学生终身健身观念的形成具有重要作用。高校乒乓球课程的开设情况影响大学生参与乒乓球运动的意识与行为。若高校重视乒乓球运动，能够设置不同形式的乒乓球课程，那么大学生对这项运动的参与度就会提升，学习热情也会得到激发，从而促进高校乒乓球运动的普及与发展。如果高校不重视这门课程，那么学生的参与度就不会太高，乒乓球运动也难以在校园中迅速普及。调查发现，在校大学生中，上乒乓球必修课和选修课的学生所占比例较少，没有上过任何形式乒乓球课程的大学生占到一半以上，这反映出高校不够重视乒乓球运动、乒乓球课程的开展形式缺乏合理性等现状与问题。

三、高校乒乓球课外活动开展情况

乒乓球运动技能具有系统性、复杂性、多样性，要系统掌握复杂多样的乒乓球运动技能，就要长期坚持不懈地学习与练习，这是实现动作定型的基本条件。对高校大学生来说，仅在体育课上接触乒乓球运动是很难熟练掌握乒乓球运动技能的，因为体育课的时间有限，一周安排的课次少，而且体育课上未必每次都是教乒乓球，所以，在如此有限的时间内学生不可能进行大量的重复练习，不可能熟练掌握所有技术并加以强化，如果只靠体育课上的练习，那么大学生也就只能掌握乒乓球基本功，很难有更高水平的发展，鉴于这种情况，利用大学生的课余时间开发课外乒乓球活动就很有必要了，课外活动是课堂教学的有效拓展与延伸，能够帮助大学生提高对乒乓球运动的认知，使大学生的乒乓球运动水平得到有效的提高。

调查发现，参加课外乒乓球活动与训练的大学生非常少，绝大多数学生不参与课外训练。为比赛做准备是少部分学生参与课外篮球训练的主要原因，另外锻炼身体、丰富课余生活也是常见原因。而没有兴趣、学校体育设施条件不能满足学生需求、缺乏组织与引导是绝大多数学生不参与课外乒乓球训练活动的主要限制因素。

四、高校乒乓球比赛开展情况

乒乓球比赛是学校乒乓球活动的重要形式，通过高校乒乓球比赛的开展情况能够了解高校乒乓球运动的普及与发展情况。乒乓球比赛不仅是专项技能的较量，也是体力、心理与智力的较量。举办高校乒乓球赛事可以使大学生发现自己的优势与不足，进而针对自己的短板进行强化训练，使自己的技术水平得到提升；而且竞赛过程中特别考验运动员的心理承受能力、心理调节能力、计

算能力、思维能力、技战术的安排能力，有利于促进大学生全面发展。高校乒乓球赛事的举办还有助于促进乒乓球运动在高校的进一步普及与发展层次提升，举办院系和院校之间的乒乓球赛事还有助于为促进教学交流和学术交流提供机会与平台。

调查发现，高校举办的乒乓球赛事较少，校内与校外赛事的举办情况都不容乐观。以学校为单位组建运动队参加地方或全国乒乓球赛事的高校也比较少，从参加比赛的学生运动员的表现来看，整体水平不是很高。参赛的学生比较固定，大部分学生没有参加过比较有规模的乒乓球比赛。这些都说明乒乓球运动在高校开展得还不够广泛，普及度不高。

第三节　高校乒乓球教学与课程建设现状分析

一、高校乒乓球教学现状

现阶段我国高校乒乓球教学中存在一些具有普遍性的问题，下面分析几个主要问题。

（一）教学理念有待更新

高校乒乓球教学存在各方面的关系，如教与学的关系、普及与提高的关系，个体个性化教学与集体普及性教学的关系、教学与训练的关系、健康目标与技能目标的关系等。面对各种各样的关系，应该如何处理，处理是否妥当，直接影响高校乒乓球教学效果与教学的持续发展。就目前而言，这些问题尚未得到很好的解决。例如，高校乒乓球教师在乒乓球教学与训练中只关注学生对技战术的掌握情况，第一要务是培养学生高水平的乒乓球技术，而不是关注学生的健康，另外，也不太注意终身体育意识的培养与健身习惯的养成。

多元化教育是现代高校体育教育的发展趋势，虽然部分体育教师意识到了树立多元化教育理念的重要性，但是因为探索与创新意识较为薄弱，理论素养较差，因此教学理念一直没有更新，甚至连起码的教学方法与模式创新都做不到，导致高校乒乓球教学未能真正将"健康第一""终身体育""素质教育"的教育理念落到实处。

（二）教学设施有待完善

乒乓球硬件设施条件不能满足乒乓球教学需要、乒乓球训练和比赛需要以及广大乒乓球爱好者的需要，这是高校乒乓球运动发展中普遍存在的问题。虽然这个问题已经引起了各高校的重视，学校也投入了资源来解决这个问题，但是整体情况依旧不乐观，具体表现在以下两个方面。

第一，乒乓球场地设施有限，乒乓球运动场地、乒乓球桌、乒乓球拍的数量和上乒乓球课学生的数量比例严重失衡，学生上课的基本需求都得不到满足，有些学生甚至一节课都不能上桌打球。

第二，因为缺乏管理或管理不善的原因，高校乒乓球场地设施与器材陈旧、老化，严重磨损，使用寿命大大减少，甚至还存在安全问题，导致学生在乒乓球课上出现意外损伤。

（三）教学内容不切实际

乒乓球教学活动并不是只要学生对这项运动和这门课感兴趣就可以顺利开展了，在学生喜欢乒乓球运动的基础上还要看教学内容是否符合实际、是否能满足学生需求，如果不符合、不能满足，那么乒乓球教学活动依旧无法顺利开展。

大学生来自全国各地甚至国外，他们的实际情况有很大的差异，具体表现在健康水平、家庭背景、运动基础、体育认知等各方面，这些差异明显的因素决定了不同学生的乒乓球基础和技术水平也是有差异的，而乒乓球教学内容又是统一的，不管面向什么大学生授课，都是重复同样的内容，这就会造成这样一种结果：基础好的学生需求得不到满足，也就是"吃不饱"；而基础差的学生跟不上教学进度，也就是"吃不下"。这种状况不管对什么基础水平的学生来说，都不利于其进步与发展。

此外，高校乒乓球教学内容始终如一，或者换汤不换药，教师按部就班授课，学生被动听课，被灌输单调重复又老套的知识，没有体现出教学的差异性、层次性和针对性，这样的教学内容安排或许可以使学生应付考试，甚至取得不错的考试成绩，表面上看乒乓球运动教学效果显著，但实际意义却不大，对广大高校学生的全面发展、共同进步并没有起到实质性的促进作用。

（四）教师专业素质较差

高校乒乓球教学水平、教学质量、教学效果在很大程度上是由乒乓球教学活动的实施者也就是乒乓球授课教师所决定的。现代教育理念能否真正落实，丰富多彩的教学内容能否有效实施，多元新颖的教学方法能否充分发挥作用，都与教学实施者本身的教学能力有关。总之，高校乒乓球教师队伍是推动高校乒乓球运动发展的关键力量，因此要特别关注与重视这支队伍的专业教学素养。

目前来看，我国高校乒乓球教师的专业素质和教学能力都不太高，一些乒乓球授课教师非专业出身，而是作为一名普通的体育教师什么体育内容都教，他们的学历水平、教学经验都比较欠缺，自己都没能系统、全面、深入地研究乒乓球运动的相关知识与技战术，不熟悉乒乓球教学体系，就更谈不上培养大学生的乒乓球基础知识与技能素养了。教师不专业严重影响学生的学习兴趣与激情，缺乏专业素养的教师难以在学生中树立权威，难以赢得学生的信任与敬仰，也很难获得学生的配合，最终导致乒乓球教学效果差。

（五）教学评价不合理

在整个乒乓球教学系统中，乒乓球教学评价极其重要，要给予足够的重视。乒乓球教学评价在各大高校一直都很受重视，但是高校实施乒乓球教学评价普遍以终结性评价为主，也就是重视学生在最后乒乓球考核中的成绩，而不注重过程性评价，忽视了学生在日常乒乓球教学中的学习态度与表现，以及课后参与乒乓球运动的情况。

过分强调乒乓球考试结果而忽视乒乓球学习过程的乒乓球教学评价终究是不科学的，是片面的，是不切实际的，是应试教育的表现。这种评价不足以让学生发现自己在学习中存在的问题，不能指导学生有针对性地解决自己的问题，弥补自己的缺陷，而且单纯靠分数来评价学生的优劣会对学生的自尊心和自信心造成打击，最终可能导致大学生对乒乓球学习失去信心，对乒乓球运动失去兴趣，一旦学习主体失去了学习兴趣，学习积极性严重下降，那么就难以取得令人满意的教学效果了。

二、高校乒乓球课程建设现状

当前，我国高校乒乓球课程建设与实施是"自上而下"的，是从上级到下级一步步落实的，整个过程都是有序进行的，但在这个有序推进与落实的过程中，学生的需求不被重视，对学生的学习要求不明确，对学生没有明显的期待，课程建设中忽视了学生的主体地位，导致学生不能完全认同、接受与理解课程内容与传达的知识信息，最终影响了课程实施的效果，也在实践论证中反映出课程设置是有问题的。

下面具体从乒乓球课程目标建设现状、内容体系建设现状、实施现状、评价现状四个方面对我国高校乒乓球课程建设现状进行具体分析。

（一）乒乓球课程目标建设现状

在高校乒乓球课程建设中，关于课程目标的建设，主要存在目标不太明确的问题，具体表现如下。

第一，乒乓球教师与学生在健康目标的认识上并未达成统一，一些学生认为自己通过上乒乓球课锻炼了身体，体质得到了改善，但部分教师认为当前的乒乓球课程安排不足以促进学生全面健康。

第二，在乒乓球课程目标体系中，运动参与目标占重要地位，但目前关于这个教学目标的定位并不合理，主要是满足学生兴趣，定位层次显得不高，没有充分体现出乒乓球技能的特征与价值。

第三，大学生对乒乓球课程的内在认知以及其参与课程的积极性直接影响乒乓球课程参与目标的达成度。乒乓球教师在关于参与目标的传达上也没有十分明确地传达，导致学生认识不清晰，对乒乓球运动参与度低，而且参与水平参差不齐。教师对教学目标的模糊传达是教师教学态度不端正的表现，这也是影响学生学习的一个重要因素。

第四，社会交往是大学生参与乒乓球运动的一个重要动机，希望这门课程对提高他们的社交能力有所帮助，但社会适应目标并未受到教师的重视。

（二）乒乓球课程内容体系建设现状

总体来说，我国高校乒乓球课程建设中选择的教学内容比较片面、单一和保守，过度关注乒乓球运动技能的教学内容，甚至围绕这个核心来选择相关教学内容，没有考虑学生的认知水平，没有考虑健康目标。

下面从理论与实践两个方面来探讨课程内容的问题。

1. 理论方面的问题

乒乓球课程理论内容方面的问题如下。

第一，理论课程安排与上级部门的相关规定匹配度不高，未完全达到上级要求。

第二，缺乏健身性与文化性相结合的理论内容，过分关注围绕乒乓球技能来传授理论知识。

第三，在理论内容的实施中采用的教学方法重复且创新，导致理论课程实施效果不理想。

第四，理论课内容节点不符合学生的认知节点，二者之间缺少必要的

联系。

第五，学生对课程内容的学习缺乏正确认知，倾向于学习技巧类和竞技类的知识，而忽视了教育性、社会性的内容。

2. 实践方面的问题

在乒乓球课程实践内容的安排上，因为学生对乒乓球运动的认知水平较低，运动能力也有明显差异，所以很多高校将乒乓球基础技战术作为主要实践内容来重复讲解、示范，引导学生重复练习，缺乏层次和多元性，导致一些基础好的学生不满足实践课安排，基础差的学生在经过一段时间的练习后，有了基本功后也渐渐厌倦了这种重复的教学。

(三)乒乓球课程实施现状

乒乓球课程实施方面主要存在的问题是实施体系结构不符合学生认知水平，二者之间缺乏在节点上的对应关系。下面具体从教学方法、教学组织和教学控制三个方面的实施情况来分析。

1. 教学方法实施

乒乓球课程实施中主要采用讲解法、示范法、练习法等传统教学方法，这些方法重复使用，没有融入新鲜的能吸引学生注意力的科技元素，导致学生学习兴趣不高，学习进度缓慢。

2. 教学组织实施

面向全体学生集中讲解、对学生分组进行练习是高校乒乓球课程组织的两种常见形式，总体而言形式单一，拘泥于常规，刻板老套，缺乏创新，也导致师生之间缺乏互动。

3. 教学过程控制

关于乒乓球课程教学过程控制的问题，教师与学生有不同的理解，教师严格控制，安排好每个环节，希望学生按部就班跟着节奏走，整个过程中缺少了兴趣与互动，气氛不够活泼，而学生希望教师给他们留下自由学练、发挥与自由讨论的时间与空间，希望教师尊重学生的个性化发展。

(四)乒乓球课程评价现状

高校乒乓球课程评价体系不够完善，具体问题表现如下。

第一，在对学生的评价中，课程评价规定、期末考核方法及评分机制设置均不够完善。

第二，在绝大多数院校中，一般只采用期末考核的方法对学生一学期的表现进行评价，这种考核方法不够科学。

第三，由于一个教师的注意力有限，在课堂上或者课间活动中对学生进行评价时，评价结果的准确性得不到保障。

第四，主要是老师对学生的表现与能力进行评价，很少采用让学生对自己进行评价，或者学生之间进行互评的方式。

第五，对教师的评价不受重视，只能从学生的考核结果中侧面反映教师的教学情况。

要积极寻求先进的信息技术，借助先进的设备设施，搜集和分析学生在一定时期内运动、饮食，以及与身体各项重要指标之间的关系，帮助学生直观地认识到运动的积极反馈，并培养科学的健身意识和健康观念。通过构建科学有效的体育评价体系，摆脱原来形式化的"达标式"考核，而是真正地激发学生进行体育运动的主动性和积极性，从"要我学"的消极心态转变为"我要学"的积极心态。

第四节　校园乒乓球的科学发展

一、重视学生的主体地位

素质教育理念强调充分尊重学生的主体性，在教育中激励学生发挥主体性，并促进学生主体性的不断完善。素质教育是学校体育教育的基本理念。在素质教育理念的指导下对学生的体育参与意识进行培养，引导学生从自身情况出发选择自己感兴趣的或擅长的体育项目，并鼓励学生多组织与参与课外体育活动，使学生的主体性在各方面都得到充分发挥，并使学生在发挥主体性的同时提升自我意识，养成良好的运动习惯，将运动锻炼作为自主生活的主要内容之一，确立终身体育锻炼的长远目标。在学校体育教育中重视学生的主体地位，需要及时转变教育理念，不断更新与完善教学制度，并加大相关制度与政策的践行力度；学校有关部门及工作人员要共同努力来执行制度，完善素质教育目标，促进学生健康成长与全面发展。提高学生的身心健康水平是每一位教育工作者的重要使命与责任。在学校体育教育中要不断更新教学理念，在科学的教育理念下做好体育教育工作，发挥体育教育的健康功能，提高学生的健康水平。

二、丰富与完善体育课程体系

现阶段，分项教学体制在一些高校已经开始实施，但在该体制的实际运行中，很多学生因为限制条件过多而不能自主选择感兴趣的项目，而且以集体授课为主，分层教学落实不到位，使体质和运动能力好的学生"吃不饱"，体质差和缺乏运动基础的学生"完不成"。对此，学校应进一步拓展与完善体育课程体系，开展丰富多彩的运动项目，使学生能够根据自身条件选择项目，同时考核标准不能定得过高，要参考学生的身体素质及原有运动基础，这样学生能更好地达标，可以增加学生运动的自信心，使各层次学生都能进一步发展。

三、组建体育协会，开展课外体育活动

目前，我国高校的体育社团与协会数量比较多，但是报名的人数比较少，只有少数的大学生才能持之以恒地坚持锻炼。因此，要积极号召体育教师和经验丰富的体育爱好者参与协会活动，对学生的课外体育锻炼中出现的问题进行纠正，并定期举行评比，建立公开评分体系，提供评比场地与设施设备，通过各种形式吸引学生参与协会活动。这样既能提升体育教育的成效，也能培养学生的健身习惯；同时也能从整体上提升大学生的综合素质，发展校园体育文化，推动校园体育文化更好地朝着多元化的方向发展。

四、创新体育教育模式

（一）"动机-四性"教学模式

在学校体育教育中，学生的动机水平直接决定其运动行为的选择、实施及保持。培养与提高学生的体育学习动机与运动参与动机非常重要，在体育教育中教师应将激发学生的动机作为重要任务而重视起来。如果能成功激发学生的学习动机，提高学生的运动参与兴趣，那么在体育教育中将可能取得事半功倍的效果。

体育教育中认识到培养学生学习动机与运动参与动机的重要性后，要选择健身价值突出、具有一定竞争性并且充满趣味的运动项目或体育活动作为教学内容，而且所选内容应该是丰富多元的，学生能根据自身情况而自主选择，使学生发挥自己的主体性。基于这一认识，有学者构建了"动机-四性"教学模

式，其中"四性"包括健身性、趣味性、竞争性以及选择性。实施该模式，能够培养学生的身心健康素质，增强学生的竞争意识与竞争力，丰富学生的情感体验，充分发挥学生的自主性。在该模式下进行教学内容的设置时，要体现对不同级别班级学生的不同要求，根据不同班级学生的实际水平而确定有层次性和级别性的教学内容，并注意从初级班到中级班教学内容的过渡性与连贯性。初级班和中级班教学内容的选择要体现层次性和连贯性。对初级班学生和中级班学生采用不同的教材进行教学，教材要有难易之分，要尽可能选择实用的教材和教学内容。

在"动机-四性"教学模式下将体育教学过程划分为四个环节，第一环节是诊断，该环节主要采用讲解法与示范法教学，学生主要进行思考性学习；第二环节是引导，以教师指导与帮助为主；第三环节是互动，强调师生交流，教师及时指出学生的错误并帮助改正，第二环节与第三环节学生以合作学习为主；第四环节是竞赛，通过竞赛的形式考评学生的学习情况，学生主要进行对比学习，这一环节能够培养学生的竞争能力。"动机-四性"教学模式在体育教育中的实施程序如图1-11所示。

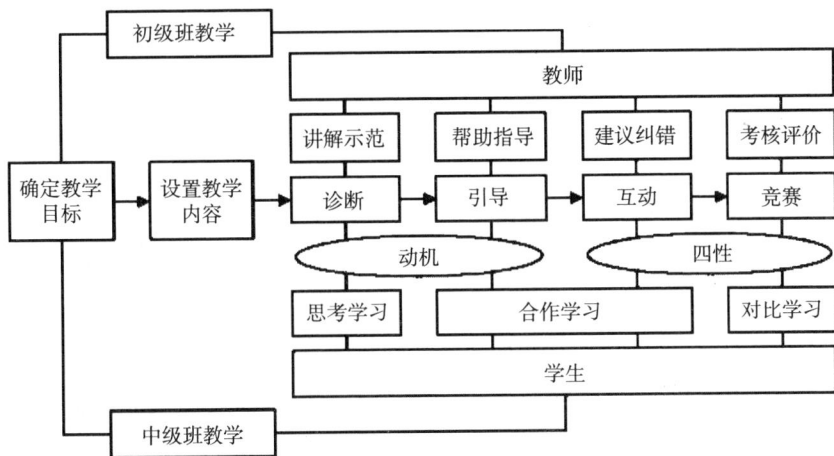

图1-11　"动机-四性"教学过程

在体育教育中采用传统的教学模式虽然也能达到教育目标，完成教育任务，但是教育效果却不令人十分满意。传统体育教育模式对所有学生都提出了统一的要求，忽视了学生的个体差异，包括体质差异和运动能力差异，而且也不重视学生自主选择的权利，学生没有空间发挥主动性，被动学习的效果并不理想。"动机-四性"教学模式基于对学生个体差异的考虑而进行分级教学，在教学中教师要做好正确的演示或示范，在示范中配合讲解，对技术动作的特点

和规律进行讲解与分析，使学生对所学技术的知识信息有直观的认识与了解。学生在练习时，可以自主练习，也可以与同学进行合作练习或集体分组练习。在学生自主练习或小组合作练习时，教师为学生提供关于练习内容与练习方法的自由选择空间，让学生选择适合自己的练习内容。关于练习方法的设计与选择，教师要给予指导与帮助，学生在教师的引导下重复练习，最后达到自动化熟练程度。经过一段时间的教与学，教师组织简易比赛来考查学生对运动技术的掌握情况，并客观评价学习成果，及时反馈和改进教学。

"动机-四性"教学模式充分尊重学生的个性，为学生发展个性与自主学习提供了自由空间与良好平台，使学生通过自主学习、选择式学习、合作学习而发挥能动性，培养合作能力与竞争力，帮助学生增强自信，形成体育学习与体育锻炼的持久动力，这对于促进学生身心健康与社会适应能力的提升具有重要意义。

（二）"拓展游戏"教学模式

体育与游戏本身就有很深的渊源，将体育教育与游戏结合起来，以游戏的方式组织体育教育，有助于吸引学生参与，提升学生的学习兴趣，活跃课堂氛围，提高教学效果。因此，在体育教育中应将"拓展游戏"教学模式运用其中，充分发挥该模式在增强学生体质和培养学生良好行为习惯方面的积极作用。

下面具体分析"拓展游戏"教学模式在体育教育不同方面的运用。

1. 在学生体质锻炼中的运用

青少年学生体质健康水平整体有待提高，这从学生体质测试成绩中能够很直观地体现出来，而且从学生参加军训时时有事故发生的现象中也能反映出来。学生体质健康水平不高与其缺乏锻炼有直接的关系。学校体育教育是促进学生健康成长的重要教育课程，但很多学生对体育课没有很高的兴趣，而且课余生活中也缺乏锻炼，再加上体质锻炼类内容在体育教学内容中的比例远远不及具体运动项目的技能类内容比例，因此学生的身体锻炼时间及强度都得不到保障，最终导致体质健康状况不容乐观。要改变这一情况，就要注重培养学生的体育兴趣和运动参与积极性，游戏迎合了青少年学生的心理需要，对青少年学生的吸引力很强，采用拓展游戏教学模式能够有效培养学生对体育课的兴趣，使学生在体育课上从"被动参与"转变为"主动学习"，而学生积极地参与身体素质锻炼，将有助于改善身心健康状况，提高身心健康水平。

2. 在规范性教育中的运用

游戏都是有规则的，教师设计游戏时，一定要制定明确的游戏规则，提出游戏要求，并说明奖惩方式，强调学生在游戏活动中要自觉遵守规则，按要求完成游戏，并在游戏结束后接受奖励或惩罚。这有助于对学生的规则意识和良好行为习惯进行培养，提高学生遵守纪律的自觉性，这对学生思想道德水平的提升具有重要意义，而道德健康也是健康的部分，是学生全面健康的重要组成部分。

3. 在课堂结束部分的运用

一堂完整的体育课教学不仅包括准备部分、基本部分，还包括结束部分，结束部分主要是让学生做一些放松性的整理活动，以达到消除疲劳，恢复身体机能的效果。放松活动的形式有很多，而游戏类放松活动对学生而言更有吸引力，学生更愿意以参与游戏活动的形式来结束整堂课。教师设计一些丰富有趣的游戏活动，使学生在游戏中放松身心，调节身体机能与心理，达到消除身心疲劳和提高健康水平的效果。采用拓展游戏教学模式，对体育教师的游戏设计能力和运用能力提出了较高的要求，在选择游戏时，要考虑游戏的可操作性，要根据教学条件选择操作性强的简便易行的游戏，要尽可能将现有场地器材资源充分利用起来，同时体育教师也可以与学生共同制作一些简易教学工具来满足游戏之需。游戏活动以中小强度为主，否则无法起到缓解身心疲劳的效果，如果强度太大，也会打击学生的参与积极性。另外，体育教师要基于对学校教学条件、客观环境及学生实际情况的考虑而选择与设计教学游戏，提高游戏设计的客观性、科学性和实效性。

（三）线上线下混合教育模式

现阶段，线上教育已经成为一种趋势，尤其是在新冠疫情防控期间，网课已成为各级各类学校上课的主要方式。但线上教育不能取代线下教学，尤其体育课是需要学生身体参与的特殊课程，线下练习与指导非常重要。对此，应将线上教学与线下教学有机结合起来，构建混合式体育教育模式，如图 4 - 2 所示。

开展体育在线教育，需要将以下工作做好。

首先，建立体育教育资源库，不断更新与完善资源库，从中对适合线上教育的内容进行筛选，并从教学实际出发开发校本在线教学内容资源。

其次，将学习任务发布给学生，学生在线提出问题，教师给予指导，要提高时效性。

最后，学习体育与健康知识，学习运动技能以及进行身体素质练习是学生在线学习的主要内容，教师要对学生的学习情况进行监督与检查。

经过线上教学后，要采用线下教学的方式来检验学习成果，并在线下进行情境化教学，以补充线上教学的不足。线下教学也有助于学生之间及师生之间面对面沟通、互动，交流学习经验，同时为学生合作学习提供良好的机会。在线下教学过程中，教师可以给学生近距离示范正确的技术动作，并指出学生的错误动作，帮助学生及时纠正。此外，教师也可以测试学生的体能水平，并组织简单的教学比赛来评价学生的运动技能水平。

五、增强学生竞赛意识

高校可以宣传学习乒乓球运动的优势，在学校积极的引导下，广泛开展乒乓球运动，从而提高学生学习乒乓球的兴趣。学校还可以举办多种形式的乒乓球比赛，从而激发学生学习乒乓球的兴趣。通过举办乒乓球比赛，进一步增强学生的竞赛意识，促进高校乒乓球运动的发展。

第二章
高校乒乓球教学理论体系

高校乒乓球课程教学理论体系包括乒乓球课程教学目标、教学理念、教学原则、教学环境、教学文件等组成部分，每个组成部分在整个教学体系中都占据重要地位，发挥着举足轻重的作用。各部分之间密切联系，相互影响，相互促进。科学建设与优化高校乒乓球课程教学理论体系，要从这些重要组成部分着手，逐一建设与优化，从而充分发挥各个组成部分的功能与作用，提高整个乒乓球课程教学理论体系的层次与水平，进而为高校乒乓球课程教学活动的开展提供有效指导。本章主要从乒乓球课程教学目标、教学理念、教学原则、教学环境以及教学文件五个方面着手来研究高校乒乓球课程教学理论体系的优化。

第一节 乒乓球课程教学目标

确定乒乓球课程教学目标，要考虑不同学生的实际情况，要对不同水平的学生提出不同的教学目标，体现教学目标的层次性。本节将乒乓球课程教学目标划分为基本目标和发展目标两个层次，基本目标是面向大多数学生提出的目标，发展目标是在实现基本目标的基础上面向乒乓球技能水平较高、有特长优势的学生提出的较高层次的目标。不管是基本目标还是发展目标，在不同的目标领域有不同的表现。下面我们就具体分析乒乓球课程教学在认知、身心健康、运动参与、运动技能以及社会适应五个领域的目标内容。

一、乒乓球课程教学的基本目标

（一）认知领域的基本目标

认知领域的教学目标有 7 个级别，如图 2 - 1 所示。在乒乓球课程教学中

面向多数学生提出的认知领域基本目标处于较低级别。

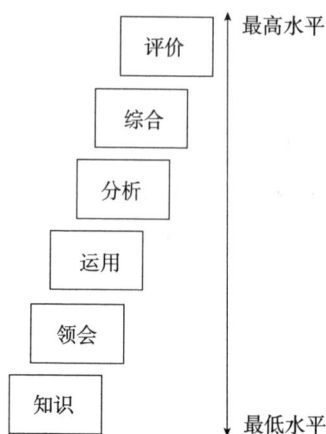

图 2-1　认识领域的教学目标①

大多数学生在乒乓球课程教学中要达到以下认知目标。

（1）使大学生认识与理解乒乓球基本理论知识。

（2）使大学生了解乒乓球运动的新知识与文化内涵。

（二）身心健康领域的基本目标

1. 身体健康目标

（1）作息规律，生活方式健康，行为习惯良好。

（2）使大学生能够进行健康自评。

2. 心理健康目标

（1）使大学生在乒乓球学与练中体会到乐趣，心情得到放松。

（2）使大学生通过乒乓球学练调整心理状态，合理宣泄情绪，学习与生活态度更加乐观、积极。

（3）培养大学生坚持不懈和克服困难的精神。

（三）运动参与领域的基本目标

（1）提高大学生的乒乓球认知水平，提高大学生在乒乓球学习中的积极主动性。

（2）使大学生形成良好的乒乓球锻炼意识与行为习惯，提高其参与乒乓球活动的自觉积极性，并使其能够从自身情况出发制定适合自己的锻炼处方。

（3）使大学生了解乒乓球运动的比赛规则，并能在乒乓球比赛中基本完成裁判工作。

（四）运动技能领域的基本目标

运动技能领域的教学目标包含 6 个级别，如图 2-2 所示。

在乒乓球课程教学中面向多数学生提出的运动技能领域基本目标处于中低级别，体现在以下几方面。

① 李启迪，邵伟德．体育教学基本理论研究［M］．北京：北京师范大学出版社，2014.

（1）提高大学生的基本运动能力和乒乓球的一般与专项素质。

（2）使大学生对乒乓球基本技术、身体素质锻炼与提升方法有初步的掌握。

（3）使大学生了解在乒乓球运动中哪些运动损伤比较容易发生，并熟悉常见损伤的处理方式。

（五）社会适应领域的基本目标

（1）使大学生善于沟通交流，与同学保持友好关系。

（2）培养大学生的合作与竞争精神，使其学会对合作与竞争的关系进行正确处理。

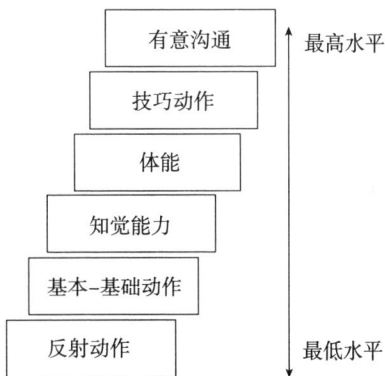

图 2-2 运动技能领域的教学目标[①]

二、乒乓球课程教学的发展目标

（一）认知领域的发展目标

（1）提高大学生对乒乓球理论知识的认知水平，并能利用已学知识来提高自己的运动能力，将理论运用到实践中。

（2）促使大学生掌握乒乓球运动的新动态、新政策。

（二）身心健康领域的发展目标

1. 身体健康目标

（1）生活方式积极、健康。

（2）使大学生能够根据环境的变化进行适应性锻炼，全面提升身体素质。

（3）了解营养膳食指南，饮食健康。

2. 心理健康目标

（1）使大学生在乒乓球学习与练习中得到美好的体验与享受。

（2）使大学生自觉利用乒乓球运动调整心态，展现出青年人的蓬勃朝气。

（3）使大学生的意志更加坚强，自信心得到提升。

---

① 李启迪，邵伟德.体育教学基本理论研究［M］.北京：北京师范大学出版社，2014.

（三）运动参与领域的发展目标

（1）使大学生树立并形成自主锻炼的意识与习惯，积极参加校内外形式多样的乒乓球活动，并在不断的实践中提高乒乓球审美能力。

（2）使大学生能够根据自身实际情况独立完成对乒乓球训练计划的设计。

（3）使大学生对乒乓球比赛规则更加熟悉，并能在高水平乒乓球运动比赛中运用已掌握的乒乓球比赛规则独立完成裁判工作，提升大学生的裁判能力和比赛欣赏能力。

（四）运动技能领域的发展目标

（1）促使大学生的乒乓球基本运动能力、专项运动能力得到提高，同时拥有良好的技术能力来参加比赛。

（2）促使大学生掌握乒乓球技术原理、战术原理，其技战术水平及在比赛中技战术运用能力均得到提升。

（3）促使大学生掌握乒乓球运动中常见运动损伤的发生机理，并能正确判断损伤类型、紧急处理运动损伤。

（五）社会适应领域的发展目标

（1）促使大学生在乒乓球活动中主动结识朋友、帮助他人，提高社交能力。

（2）促使大学生处理好乒乓球比赛中的合作与竞争关系，拥有良好的体育道德，展现出自己的体育精神。

第二节 乒乓球课程教学理念的创新

教学理念是指教师在长期的教学实践中经过理性思考和客观总结而形成的一种教学思想与观念。在乒乓球教学过程中教学新理念起着积极的引导作用，有利于提高乒乓球的教学效果。如果一味沿用旧理念，则会阻碍与制约乒乓球教学事业的发展，并影响乒乓球运动的进一步发展。在我国体育教学改革不断深入的过程中，乒乓球运动教学的发展取得了显著成效，这同时也要求教学管理者和体育教师要以现代乒乓球教学的实际情况为依据，充分借鉴先进的教学思想，总结与思考针对乒乓球教学的新教学理念，从而适应体育教学深入改革的要求。下面重点解析乒乓球运动教学的几种新理念。

一、健康第一理念

在时代不断进步、经济迅猛发展的今天，我国对人才的需求越来越严格，对全面型人才的需求持续增加，因此高校教育在培养人才方面越来越注重全面发展。大学生作为国家的栋梁和民族的希望，承担着很大的学习压力和就业压力，他们的时间被学习、筹备工作占满，而没有多余的时间参加体育锻炼，最终导致体质健康水平逐渐下降。另外，很多普通高校对体育教育不太重视，对大学生体育活动的举办也没有给予足够的支持与鼓励，而且组织体能测试也只是表面工作，其中不乏一些作假的现象，所以大学生的健康无法得到有效的保障。健康是奋斗的"本钱"，如果身心不健康，是没有精力奋斗的，最终也没有能力为祖国建设贡献力量。为了更好地培养全面型人才，推动国家现代化建设，高校要树立"健康第一"的教学理念，在这个教学理念指导下制定乒乓球教学的政策与计划，加强乒乓球教学改革与创新，高度重视在乒乓球教学中对大学生健康体质的培养，为国家培养身心健康、专业突出、全面发展的栋梁之材。

二、人本教育理念

人本主义理论的核心思想是，我们要以人性为中心探讨技术性因素的发展，然后促进人与自然环境、社会环境的和谐发展。人本主义思想体现了对人性、个性的尊重，对促进人的全面发展具有重要意义。当前，人本主义理论受到了广泛的认可，在很多领域都树立了该理念，并在这一思想的指导下开展工作，教育领域同样如此。将人本主义理念引进教育领域，将该理念的核心思想与教育的特征相结合，从而形成了人本教育理念。

人本教育理念的基本思想是，教育活动是围绕学生这个核心而展开的，应该将教学活动的中心定位在学生上，而不是教师上。要围绕学生这个中心的兴趣爱好、个性需求而设置课程，实施教学过程，要根据不同学生的不同情况而进行区别化、个性化教学，要将所有学生的潜能充分激发出来，促进每个学生的健康与发展。

总的来说，人本教育理念尊重人的本质属性，并由此出发，通过科学教育来满足人的心理需求，实现人的个性化发展目标，促进人生命质量的提升，从一定程度上而言，这与全面发展的教育理念是非常契合的。

三、快乐教学理念

现代乒乓球教学如果缺少了乐趣，单纯严肃地讲解知识，传授技能，那么学生就会在漫长的枯燥的教学中失去兴趣，最终影响教学质量。可见，开发乒乓球教学中的趣味元素，或将趣味元素融入乒乓球课堂，提高教学的趣味性非常重要。这就需要在乒乓球教学中树立快乐教学理念，强调培养学生乒乓球兴趣和创造力的重要性，让学生的身体素质、乒乓球技能在充满趣味、轻松活泼的氛围中得到提升。

在高校乒乓球教学中树立快乐教学理念，要求乒乓球老师将原来运动教学中的一部分用情感教学替代，在培养学生健康体质、运动技能的同时注重学生人格的培养与健全，同时要使学生树立自觉学习、乐于学习的学习观，在乒乓球学习过程中享受乐趣，领悟奥妙。为了提高乒乓球教学的趣味性，吸引学生的学习兴趣，乒乓球教师要重视对传统教学方法的改革，适当设计一些游戏教学方法来活跃课堂氛围。

四、终身体育理念

人们在任何时间和地点都能根据自身实际情况和现实需要而从事适宜的体育锻炼活动，这就是一般意义上的"终身体育"理念。终身体育包括学校体育、家庭体育、社会体育，这是从终身体育的构成空间上而言的，也有相应的构成人群，各个空间的所有人群都应该具备一定的锻炼能力，养成良好的锻炼习惯，这些都是终身体育的重要组成要素，如图2-3所示。

不管是学校体育、家庭体育，还是社会体育，都充分彰显了体育运动的重要价值，如强身健体、愉悦心理、陶冶情操、防治疾病、延年益寿、社会交往等。鉴于体育运动对人的一生都有重要意义，高校体育教学中必须树立终身体育理念，构建终身体育教学体系，促进体育教育的深化与拓展。乒乓球教学是体育教学的重要内容，同样也要树立终身体育理念，并在终身体育教学体系的指导下展开教学工作，使乒乓球运动伴随大学生的一生，为大学生的健康提供终身保障。需要说明的是，构建终身体育教学体系，要从观念、身体、课程、主体等几个方面着手展开，如图2-4所示。

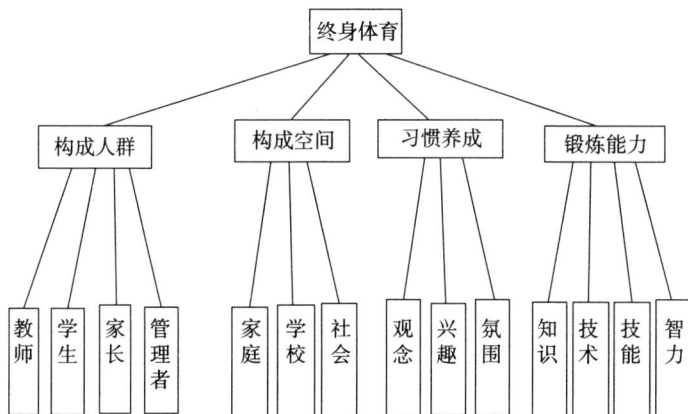

图 2-3　终身体育的重要组成要素①

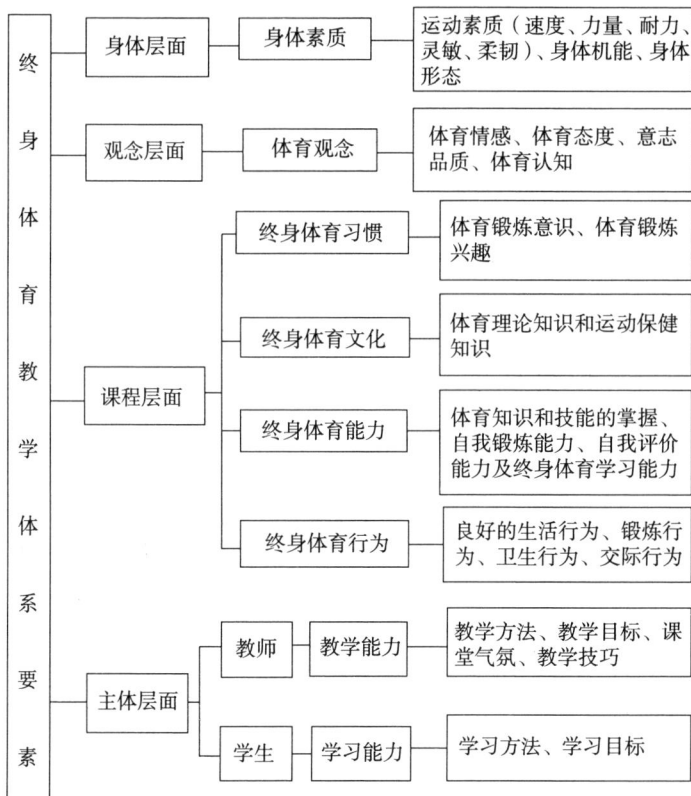

图 2-4　终身体育教学体系要素

---

①② 黄丽秋 . 终身体育思想的形成及教学引领研究［D］. 湖南师范大学，2014.

五、创新教学理念

现代社会各方面都开始向着多元化的方向与趋势发展，随着社会的不断发展与进步，各方面如果没有进步的表现就是一种退步。因此，在乒乓球教学过程中，要对创新教学这一新理念进行深入的研究与贯彻，这也是推动乒乓球教学发展的重要手段。贯彻这一理念，可以使乒乓球教学走在时代教育的前沿。当前，世界各国都十分重视在学校教学中贯彻创新教育的理念，在这一理念的指导下培养创新型人才具有重要意义。创新教学理念重点突出了对学生创造性与创新能力进行培养的特点，因此在乒乓球运动教学贯彻这一理念需要以培养学生的创造性为主，并鼓励学生充分发挥自身的个性与创造精神。

第三节　乒乓球课程教学原则

高校乒乓球课程教学要遵循体育教学的一般原则，如直观性原则、因材施教原则、普及与提高相结合原则、合理安排运动负荷原则等。除此之外，还要遵循一些特殊化的专项教学原则，本节重点对这类原则进行分析。

一、师生协同原则

（一）基本解析

乒乓球教学中，教师的教与学生的学密切相关，相互影响，相互作用，整个教学过程也可以看作是教师与学生频繁互动、协同完成教学任务的过程。鉴于乒乓球教学的这一特征，在教学中贯彻师生协同原则非常必要。在高校乒乓球课程教学中，既要承认与尊重教师的主导地位，也要高度重视与尊重学生的主体地位，乒乓球教师发挥的主导作用与学生主体的能动性相互促进与协调，要特别强调学生发挥主观能动性对提高教学效果的重要性。

（二）教学要求

在乒乓球课程教学中贯彻师生协同原则，要做到以下几点。
（1）乒乓球教师与教学对象之间要建立良好的关系。

（2）乒乓球教师要使学生掌握适合自己的学习方式，将其学习的主动性与积极性调动起来。

（3）教学生动有趣、氛围和谐活泼、师生互动良好。

（4）师生平等对话，提高互动质量。

二、精讲多练教学原则

（一）基本解析

高校乒乓球课程教学中，由于课时有限，所以贯彻精讲多练的原则能使学生在有限的课堂时间内掌握丰富的乒乓球知识和精细分化的乒乓球技术。

"精讲多练"中的"精讲"是对教师提出的要求，要求教师的语言讲解精确、简练、易懂且带有情感，使讲解的效果大大提高，这样省下的时间可以让学生多练习，这是"多练"。

（二）教学要求

乒乓球课程教学中贯彻精讲多练原则，可参考如下模式。

模式 1（新教材）：

教师集中讲解和示范	5～6 分钟
学生练习	
停止练习、集体讲解	1～2 分钟
学生练习	
整队，集体讲解或分组讲解	3～5 分钟
学生练习（与个别讲解相结合）	
小结	2～3 分钟

模式 2（复习教材）：

教师集中讲解、提示要点	3～5 分钟
学生练习	
停止练习、集体讲解	1～2 分钟
学生练习（与个别讲解相结合）	
小结	2～3 分钟[1]

---

① 温娇.高校乒乓球运动教学创新与运动队建设研究［M］.北京：中国原子能出版社，2019.

教师的讲解方式非常多，常见的有集体讲解、小组讲解和个别讲解，在乒乓球课程教学中要根据实际情况选择恰当的讲解方式，提高讲解的效率。学生练习的顺序一般是模仿动作→分解动作→完整动作。

三、启发创造原则

（一）基本解析

在高校乒乓球课程教学中，教师不仅要传授乒乓球知识与专项技能，培养学生的乒乓球理论与专项能力，还要开发学生的智力、培养学生的意志品质、丰富学生的情感、提升学生的创造力。要完成这些培养目标，就要贯彻启发创造原则，在教学过程中创设情境、设计问题，鼓励学生自主思考，独立或合作解决问题。这也是素质教育的要求。

（二）教学要求

在乒乓球课程教学中贯彻启发创造原则，要做到以下几点。

（1）将学生的学习动机和热情激发出来，培养学生探索与创新的积极性。

（2）将培养学生的思维能力作为教学目标之一。

（3）设置适宜的、能够启发学生自觉思考的问题情境。

四、理论联系实际原则

（一）基本解析

高校乒乓球课程教学不能只停留在课本的理论层面，还要结合学生实际情况、学校教学条件以及地方相关政策来开展教学工作，将理论与多方面实际充分结合起来，提高乒乓球教学的实效性。

（二）教学要求

在乒乓球课程教学中贯彻理论联系实际原则，要做到以下几点要求。

（1）适当增加乒乓球理论课教学时数，培养学生的乒乓球理论知识素养。

（2）恰当联系学生和学校实际来实施教学内容，完成教学任务。

（3）在教学中培养学生将理论知识运用到实际中的意识与能力。

第四节　乒乓球课程教学环境

一、高校乒乓球课程教学环境的现状

(一) 乒乓球教学物质环境现状

由于一些高校不太重视体育教学，导致高校体育教学的物质条件比较匮乏。乒乓球在高校不像篮球那样普及，所以受重视程度更弱，高校乒乓球场地器材明显不足，难以满足教学需求，制约了乒乓球教学的顺利开展和教学目标的实现。

(二) 乒乓球教学心理环境现状

乒乓球教学心理环境指的是学校的校风、教学氛围以及各方面的人际关系等，教学心理环境对教学效果的影响不亚于教学物质条件的影响。当前，我国一些高校因为受到社会不良风气的侵蚀，学生受到了一些影响。此外，传统乒乓球教学模式因为缺少改革与创新，导致课堂教学氛围不够活跃。一些学生因为自身性格的原因，不愿意在乒乓球课上主动与其他学生和教师交流，沟通不够顺畅，这些也制约了乒乓球教学工作的开展。

二、高校乒乓球课程教学环境的优化创设

(一) 乒乓球教学物质环境的优化

第一，国家和地方政府要提高对高校体育教育的重视，从财政与政策上支持高校体育的发展，解决高校体育教学中经费短缺、硬件条件不够完善的问题。

第二，高校作为体育教育的主阵地，要对上级部门下拨的体育经费予以合理分配与使用，根据实际情况在乒乓球教学中投入一定数额的经费，改善高校乒乓球物质环境，修建专业场地，购置专门器材，并加强对硬件设施的维修与管理，提高其利用率和使用寿命，满足学生的基本需求。另外，除了向上级部门争取教育经费外，高校还可以利用自身的教育资源优势来解决体育教育的经费问题，面向社会多渠道筹集经费，如向社会企事业单位提供体育服务或体育场馆，收取一定的费用等。

第三，作为乒乓球运动场地与器材的使用主体，乒乓球教师与学生要自觉

维护场地器材，科学使用，不应荒废，不得破坏。教师尽可能从现有乒乓球硬件条件入手安排教学，发挥现有硬件条件的作用，避免造成资源浪费。

（二）乒乓球教学心理环境的优化

优化乒乓球教学心理环境要从以下几方面入手。

第一，建设与完善体育教学制度，促进大学生思想意识的提升，为和谐人际关系的形成提供良好的环境，巩固师生关系。和谐关系的形成对大学生来说可以提高参与乒乓球课堂教学的兴趣与积极性，新型师生关系的建立还有助于促进乒乓球课堂氛围的改善，使师生在轻松愉快的氛围中共同享受乒乓球运动带来的喜悦。

第二，要特别关注与重视内部环境建设，促进内部环境建设与外部环境建设的相互补充、相辅相成，利用外部优势环境资源落实学校精神文明建设，形成良好校风。

第三，高校是最接近社会环境的教育单位，很容易受到社会风气的影响，所以要自觉利用良好的社会风气来推动内部环境建设，发挥社会因素在高校乒乓球教学心理环境建设中的积极作用，同时也要自觉抵制不良社会风气的侵蚀，主动屏蔽不良社会信息，防止乒乓球教学心理环境受到不良因素的污染。

（三）加强校园乒乓球文化建设

在高校乒乓球教学环境的创建与优化中，还要重视对校园乒乓球文化的科学建设，将校园乒乓球文化与乒乓球教学活动结合起来，将文化要素融入教学中，从而提高大学生的乒乓球文化素养，使其更加深刻地领悟乒乓球运动的精神魅力。为创造良好的校园乒乓球文化环境，高校应做好以下工作。

第一，开展丰富多彩的校园乒乓球活动，鼓励学生参与，在活动中渗透乒乓球文化因素，形成良好的运动氛围。

第二，成立校园乒乓球俱乐部或社团，传播乒乓球文化，宣传乒乓球锻炼指南，使学生随处感受到乒乓球文化的魅力。

第五节　乒乓球课程教学文件

一、乒乓球教学大纲的制定

乒乓球教学大纲指的是依据乒乓球教学计划中的教学任务和教学时数，具体规定乒乓球教学内容、不同内容的教学时数以及考核办法的文件。①乒乓球教学大纲包括以下三个结构部分。

第一，说明部分：简要说明乒乓球课的教学目的、教学任务、教学内容范围及选择依据；安排乒乓球教学进度；提出选用教学方法的建议等。

第二，基本部分：列出乒乓球课程的教学内容、教学要点、教学课时、布置作业、考核要求等。

第三，结束部分：列出教材和参考文献。

制定乒乓球教学大纲要注意以下几个方面。

第一，依据教学要求明确乒乓球教学目标、任务和内容。

第二，依据教学任务和课时安排确定具体教学内容，内容要科学、系统，要包括理论内容、实践内容。

第三，针对不同教学内容安排教学时数，注重合理搭配和比例适宜。

第四，将乒乓球基本理论、基本技术和基本技能列为主要考核内容。

高校乒乓球普修课教学大纲示例见表2-1。

表2-1　乒乓球课程教学大纲示例②

课程编号：
课程名称：乒乓球
课程类型：公共基础必修课
学时数：36
总学分：2
适合对象：大一学生
1. 课程性质、目的和任务：
2. 教学要求：
3. 教学内容与学时分配

类别	授课内容	学时
理论部分	基本理论	2
实践部分	基本技术、组织技术、教学比赛	28
考核	理论、技术	4
机动		2

4. 考核内容、方法和标准：
5. 教材和教学参考书：

①② 姜涛. 乒乓球教育［M］. 长春：吉林大学出版社，2010.

二、乒乓球教学进度的制定

乒乓球教学进度是指按照要求在每次课程中有序分配教学大纲中教学内容和教学时数的教学文件。①制定乒乓球教学进度要注意以下几个要点。

第一，依据教学目标和教学要求全面安排教学内容。

第二，合理分配基本理论、基本技术和基本技能等教学内容的教学时数和课次，突出教学重点。

第三，循序渐进安排教学进度，保持乒乓球技战术自身的系统性，科学搭配教材，关注教材间的联系。

第四，依据不同阶段的教学任务与要求来综合安排乒乓球理论课、技法课、实践课。

第五，从学生实际情况、学校办学条件等实际出发安排教学进度。

第六，每次课的运动负荷适宜，注意不同强度的合理搭配。

第七，采用课内外与校内外的一体化教学模式。

教学进度的常用格式见表2-2，这一格式可以运用到在乒乓球教学进度制定中，并根据实际情况灵活增加或删减。

表2-2 教学进度的格式②

课程名称				学期		
授课班级						
教研室		授课教师			授课周数	
教材					学时数	
周次	课次	学时	教学形式	教学内容		备注

高校乒乓球普修课的教学进度示例见表2-3。

表2-3 乒乓球教学进度示例③

周次	学时	授课形式	教学内容
1	2	理论	1. 乒乓球发展史 2. 乒乓球基本理论

①②③ 姜涛. 乒乓球教育［M］. 长春：吉林大学出版社，2010.

（续）

周次	学时	授课形式	教学内容
2	2	实践	1. 熟悉球性 2. 学习站位、握拍动作方法及准备姿势 3. 学习反手推挡球技术动作
3	2	实践	1. 推挡 2. 学习步法 3. 学习反手发平击球技术动作
4	2	实践	1. 推挡 2. 学习步法 3. 学习正手发平击球技术动作
5	2	实践	1. 推挡 2. 学习步法 3. 学习正手攻球技术动作
6	2	实践	1. 练习步法 2. 推挡 3. 练习正手攻球
7	2	实践	1. 练习推挡、攻球 2. 素质练习
8	2	实践	1. 学习左推右攻技术动作 2. 素质练习
9	2	实践	1. 练习推、攻技术 2. 素质练习
10	2	实践	1. 学习步法 2. 学习推挡侧身攻技术动作
11	2	实践	1. 练习推、攻组合技术 2. 素质练习
12	2	实践	1. 学习步法 2. 学习推挡侧身扑右技术动作
13	2	实践	1. 练习全台攻组合 2. 素质练习
14	2	实践	1. 介绍推挡球变化技术 2. 素质练习
15	2	实践	1. 组织教学比赛，检验推、攻技术掌握情况 2. 素质练习
16	2	考核	理论考试
17	2	考核	技术考试
18	2	机动	机动

三、乒乓球教案的制定

乒乓球教案是乒乓球教师依据教学进度而编写的课时计划，这是教师上课的主要参考。乒乓球教案中应包括本次课的教学内容、教学任务、教学要求、教学方法、每部分的组织形式等内容。编写乒乓球教案应从以下几方面进行。

1. 了解学生

了解学生的乒乓球基础、个性特征、身体条件、智力水平。

2. 钻研教材

研究教学大纲，掌握教材内容的范围和深度，明确教材内容的重难点。

3. 考虑教法

考虑如何组织教材、如何安排每节课的活动、如何将教学方法与练习方法运用到课堂中。教学方法要丰富新颖，避免单一老套。

4. 确定课的任务

确定课的任务，任务应正确、全面、具体。

任务正确主要表现为符合教学进度的要求和学生的实际，确保学生通过坚持不懈的努力可以达成目标。但要区别对待基础好和基础差的学生。任务全面是指要包括提高学生身体素质的任务、提高学生技战术能力的任务、提高学生思想道德水平的任务等。任务具体也就是要明确，不能抽象有歧义，不能造成误解，要使人一目了然。[①]

只有做到任务的正确、全面、具体，才能更好地安排组织教法与确定运动负荷。

5. 安排课的基本结构

乒乓球课的基本结构由准备部分、基本部分和结束部分三个部分组成。每个部分的具体组织安排见第四节。

高校乒乓球课的教案示例见表2-4。

表2-4　乒乓球课程的教案示例[②]

课程名称	乒乓球教育	周次	
课程类别	必修课	课次	
授课教师		授课时间	

---

①② 姜涛. 乒乓球教育［M］. 长春：吉林大学出版社，2010.

（续）

授课班级							
授课教材	学习反手推（拨）技术						
教学目标	1. 学习：使同学们掌握反手推拨技术动作 2. 提高：通过反手技术练习，提高反手推拨技术动作规范性及连续性 3. 情感目标：培养学生协作精神						
重点与难点	课的类型	技术课	教法课	锻炼课	实习课	考核课	综合课
重点：反手推拨技术击球数量连续性		√					
难点：反手推拨技术动作规范性	培养学生能力	教学能力	裁判能力	指导能力	操作能力	创新能力	
					√		

部分	时间	项目教育内容	教法与指导	学法与组织
准备部分	15分钟	一、课堂常规 1. 班长整队，师生问好 2. 班长报告出席人数 3. 宣布本节课的任务 4. 安排见习生 二、准备活动 1. 绕场地慢跑两圈 2. 滑步、交叉步练习 3. 行进间徒手操练习 三、游戏 游戏名称：托球往返跑 游戏目的： 1. 提高学生的学习积极性 2. 培养球感	一、要求 气氛活跃、认真练习 二、游戏方法： 将队伍分成两组。每组学生从排头开始依次用球拍把球托住跑向对面终点处并按原路返回，把球交给下一位同学依次进行下去	一、组织（如图） 二、游戏示意图
基本部分	70分钟	一、学习反手推球 1. 特点与作用 2. 力学原理 3. 要领 4. 动作要领	2～3人一组进行反手推拨练习 一、教法 1. 学习动作，教师示范、讲解 2. 学生徒手模仿练习 3. 学生上台练习 4. 集中纠正错误 5. 学生练习 二、教师提出注意事项	一、讲解、示范队形： ××××××× ××××××

（续）

基本部分	70分钟	三、复习正手攻球 3人一组进行对攻	三、教师提出要求 1. 注意击球连续性 2. 注意动作规范性	二、分组上台练习
结束部分	5分钟	一、班长整队 二、小结 三、下课	学生进行整理活动	组织：
场地与器材			课后小结	
乒乓球馆，乒乓球，乒乓球拍，乒乓球台				

第三章
高校乒乓球课程内容资源的挖掘与优化

高校乒乓球课程的优化与完善，涉及课程的方方面面，其中，教学内容是非常重要的一个组成部分。对于高校乒乓球课程来说，教学内容的完善程度以及科学、合理程度，都会影响到其整体的发展与优化效果。因此，深入分析和研究高校乒乓球课程内容，并对这方面的资源进行进一步的挖掘，使其更加完善和优化，是非常重要且必要的。本章主要对高校乒乓球课程教学内容的构成、选择与应用，以及相关资源的开发与发展对策进行分析和研究，由此，能为高校乒乓球课程的优化与发展创造有利条件。

第一节　高校乒乓球课程教学内容的选择与应用

一、高校乒乓球课程教学内容的选择

（一）高校乒乓球课程教学内容的选择依据

1. 要体现出"目标引领内容"的思想

在高校乒乓球课程教学过程中，首先要将教学目标确定下来，以此为依据，来为教师教学活动的开展提供科学的指导，比如，分析教材、裁定教学内容，提升学生的乒乓球专业技能，从而使学生的健康水平和身心都得到发展和提高。对于教学内容要依靠体育教学目标加以衡量之后再进行选用。

2. 要安全且符合学生发展特点

在选择高校乒乓球课程教学内容时，要求对所针对的学生的乒乓球运动基础、身心特征、心理发展特点和体能发展敏感期进行充分的分析，提升教学内容的针对性。同时，还要保证所选择的教学内容在高校乒乓球课程教学过程中的实施是安全的。

3. 与教学实际条件相适合

在选用高校乒乓球课程教学内容时，一定要对学校所处的地理位置特点与区域差异、教师能力、场地与设施条件、季节、气候、学生实际等具体情况进行充分考虑，从而保证所选择的教学内容能够因时、因地、因校制宜地顺利开展，并保证取得理想的教学效果。

4. 实用性和趣味性相结合

在选择高校乒乓球课程教学内容时，一定要将锻炼的实际效果和实用性作为关注的重要方面，从而使学生身体锻炼得以顺利进行，学生体质得到显著增强，同时还要重视学生的学习兴趣。在安排高校乒乓球课程教学内容时，则要做到尽量使实用性强的内容反复出现，并逐步提高要求。总的来说，所要选用的高校乒乓球课程教学内容，应该是学生广泛感兴趣并能从中体验到运动乐趣的内容，使实用性和趣味性相结合，不致偏废。

（二）高校乒乓球课程教学内容的选择方法

在选择高校乒乓球课程教学内容时，确定了教学目标之后，就需要以此为指导来进行下一步，即选择确定要用的内容的方法，具体有以下几个方面。

1. 学习领会

（1）要学习领会的内容主要包括高校乒乓球课程标准和相关教科书的要求与规定，以及高校乒乓球课程教学内容的划分理论。

（2）要将所有已经从高校乒乓球课程教学素材中选出的，可进入高校乒乓球课程教学的内容罗列出来。

2. 调查

（1）对包括教师和学生在内的对象进行调查。调查内容包括教师的乒乓球专项水平、技能面、教学经验等；学生的乒乓球运动基础、身体基本活动能力、身体素质等。

（2）要将与教师和学生的实际情况相符的高校乒乓球课程教学内容按照程度分别排列。

3. 再加工

再加工就是以学生的生理与心理特点、场地器材条件、地区差异、气候特点等为依据，对可供选择的高校乒乓球课程教学内容进行分类，具体来说，就是将适合精教、简教、锻炼、介绍的教学内容分别确定下来。

4. 教学内容修整

在实际的教学过程当中，要以场地器材数量、班级数量、学生数量、教师数量等对 4 类高校乒乓球课程教学内容为依据来进行适当的调整，最终将适合本校、教师、学生、教学实际情况的精教、简教、锻炼、介绍类教学内容的项目数量确定下来。

（三）高校乒乓球课程教学内容的选择过程

1. 认真审视高校乒乓球课程教学内容

在选择高校乒乓球课程教学内容方面，要在关注社会的同时，以社会的科学、教育、生产、生活等具体发展实际为出发点，充分考虑社会的发展的影响力，尤其是在健康方面的影响和提出的要求，并将此作为基本点来合理地分析和评价现有的高校乒乓球课程教学素材。对现有的乒乓球课程教学素材进行分析和评估，主要考虑这些教学内容对于增进学生健康。培养良好的思想品质是否有利。除此之外，还要看所选择的高校乒乓球课程教学内容与教育的具体要求是否相符，同时，还要将那些不利于学生身心健康发展的素材摒弃。

2. 充分整合乒乓球运动相关内容

关于高校乒乓球课程教学内容，其在选择方面也至关重要，这也就要求教师能根据高校乒乓球课程教学的具体目标，认真并仔细分析乒乓球运动对学生身心发展的促进作用，然后对乒乓球技能和身体训练进行进一步的合并和整理，并将其作为高校乒乓球课程教学内容的基本素材。

二、高校乒乓球课程教学内容的应用

（一）高校乒乓球课程教学内容的加工

为了使教学内容与体育教学目的和要求更加相符，就需要对高校乒乓球课程教学内容进行加工，这是常规化的一种操作，具体的加工方式有很多种，其中，教材化方法是一种典型方法。

教材化的方法也有很多种，其中，较为典型的有以下这些。

1. 动作教育的教材化方法

国家兴起的一种体育教学理念和体育教材方法论。它的特征是根据人体的运动规律将竞技体育运动进行分类，然后提出要针对的年龄段的教材设计。

2. 游戏化的教材化方法

游戏化的教材化方法，就是以游戏的形式将教学内容表现出来的一种形式。在高校乒乓球课程教学内容的加工方面采用这种教材化的方法，能够有效提升学生的学习兴趣，同时，也不会对练习的性质产生影响并使其发生改变，

但是，在练习的效果上却能起到增强的效果。

3. 理性化的教材化方法

理性化的教材化方法，实际上就是使学生对乒乓球运动原理有一定的了解与理解，从而达到"懂与会结合"的效果。同时，还进一步深层次挖掘乒乓球运动的原理和知识。通常来说，这种教材化方法的运用并不是单独进行的，而是经常结合发现式、启发式的教学方法来进行的。

4. 运动处方式教材化的方法

这是教材化方法以遵循锻炼的原理为基础，对运动的强度、重复次数、速率等因素进行了组合排列，并以学生不同的锻炼身体的需要为根据，组成处方来进行锻炼和教学。这种教材化方法在高校乒乓球课程教学过程中是不可缺少的，因为它对教会学生运用运动处方锻炼身体的方法非常有利。

（二）高校乒乓球课程教学内容与教科书

1. 乒乓球教科书的价值

乒乓球运动作为学校体育运动项目的重要内容之一，其教科书也有非常重要的价值，具体体现在以下几点。

（1）是技能讲解的媒体。由于乒乓球运动技术和战术是有一定的复杂性的，仅靠教师在课堂上的讲解学生是无法充分理解的，这就需要运用其他的辅助形式来表现。文字和图片可以用来表示比较复杂的运动技术和战术，但是由于高校乒乓球课程的特殊性，使用黑板和挂图难以实现，这时，乒乓球教科书就可以作为乒乓球运动现状技能讲解的媒介，其媒介价值就充分体现了出来。

（2）是课后复习的材料。在高校乒乓球课程教学过程中，有些技能仅在课堂上教了还不够，还需要在课后进行练习。而由于高校乒乓球运动课程与其他课是有所差别的，因此，在高校乒乓球课堂上，学生不太可能记笔记，这种情况下进行课后复习就需要乒乓球教科书发挥作用了。可见乒乓球教科书可以作为课后复习的材料，其作为笔记本和复习资料方面的价值较为显著。

（3）是课中和课后作业的辅导书。乒乓球教科书上的课中与课后作业值得高度重视。教科书上通常会安排一些自主性强的实践练习课中作业，课后作业通常是锻炼体能。这不仅有利于学生技战术的熟练与提升，还有利于提高学生的身体素质。运用教科书督促、指导学生完成作业，既能规范作业的要求，又能节省留作业的时间，因此，教材可以作为课中和课后高校乒乓球作业的辅导书。

（4）是学生课外乒乓球读本

"读本"的性质是乒乓球教科书应该具有的重要性质之一。在乒乓球教科书中编入一些课外读物和各种媒体中难以系统获得的乒乓球知识和原理，可以使乒乓球教材成为学生愿意阅读的"读本"，使其能够与乒乓球课的知识和技能学习之间的配合更加科学和密切。

（5）是学生自我和相互评价的工具

乒乓球的教科书中也会包含学生自我评价和相互评价这一重要内容，这些内容的编入是有意识的。它可以使学生更方便在课中、课下对自己、对他人、对小组的同伴、对班集体，甚至对老师作出评价，从而使乒乓球学习的理性化更显著，同时也更充满活力和民主氛围。

2. 乒乓球教科书的用法

乒乓球教科书的用法主要有以下三种。

（1）课中辅助教学，课下指导复习

在高校乒乓球课堂教学中，乒乓球教科书是其中不可或缺的重要方面，这就是"课中辅助教学"的含义。教科书在课中辅助教学包含的情况有很多种：①在高校乒乓球课程教学中，学生钻研某些有难度的动作的情况，如在对运动技术结构进行分析时，给学生思考和分析提供帮助；②学生在高校乒乓球课程教学中需要讨论某些有深度的理论问题时，如在对某些战术理论进行探讨时，教材可以给学生提供分析的方法并举例；③教科书能够为学生提供各种参考，这种情况主要适用于两种情况，一种是学生在高校乒乓球课程教学中进行小组学习的时候，一种是教师让学生进行独立探索性学习的时候；④当教师想在高校乒乓球课程教学中给学生以更广泛的学习内容或选择不同内容进行教学时，为学生提供可选择的内容；⑤当教师在高校乒乓球课程教学中让学生进行自我和相互评价，小组间、小组内进行评价时，可给予学生评价的标准和方法。

另外，在高校乒乓球课程教学过程中，要求课后进行相关练习，而教科书中也有课外练习的作业，包括练习方法、练习量、注意事项等，形成一种类似"家庭作业"的"课后练习"，如"家庭运动处方""课外小组活动"等。通过教科书，学生可以获得有难度的运动技术和身体素质练习的方法，以便在课后进行复习，这也就是教科书"课下指导学习"的作用所在。

（2）课中辅助教学，课下拓展学习

教科书的作用是多方面的，其中，"课下拓展学习"也是其重要作用之一，也可以将其理解为在课下安排一些与课程有联系的内容，但是要比课程的内容更为拓展，这就为学生的自我学习和探索提供了一定的帮助。理论上需要思考

的问题以及在方式方法上需要变形和变化的运动都属于这一性质的内容，它们共同形成了一种类似"课外尝试和探索作业"的东西。

（3）课中辅助教学，课中和课后进行评价

学生进行高校乒乓球课程学习，对自我学习情况进行评价是十分重要的，自我评价可以使学生对自己的学习态度、学习行为、学习效果有清晰的认识，有利于学生进行内省式总结。教科书则将其"课后进行评价"的作用充分发挥了出来，因为在乒乓球教科书中有一些评价表，通过教科书，学生对一些自我评价的方法能进行学习、掌握和应用。

除了上述这几种主要的用法之外，乒乓球教科书还有一些辅助用法，比如，可用作乒乓球教学指导用书、多媒体课件、音像教材和学习卡片等。

第二节　高校乒乓球课程教学内容资源的开发与发展对策

一、高校乒乓球课程教学内容资源的开发

（一）开发高校乒乓球课程教学内容资源的必要性

1. 能使新课程改革的相关需要得到满足

由于多种因素的制约和干扰，高校乒乓球课程教学内容资源在识别、开发和运用的意识和能力方面都是较为欠缺的，原因有二：一个是高校乒乓球课程教学资源的缺乏；另一个是高校乒乓球课程教学资源的开发和利用方面意识的缺乏，很多具有较高价值的课程资源处于闲置状态，浪费严重，这也在一定程度上制约甚至阻碍了教师创新发挥，同时对于高校乒乓球课程教学的效果也会产生不利的影响。

在高校乒乓球课程教学实施的过程中，关于高校乒乓球课程教学内容资源所能发挥出来的巨大作用，学校和教师应该形成一个充分的认识，也就是将高校乒乓球课程教学内容资源的相关开发和利用纳入到高校乒乓球课程教学实施的计划之中，从而为学生提供更加丰富的课程资源。这从某种意义上来说，这也能够使学生学得更多、学得更好、学得更有趣。

2. 能够有效提升乒乓球课程教学效果

通常，按照新课程标准的要求，在选择教学内容和教学方法时，一定要以既定的教学目标为依据来进行，这对于高校乒乓球课程教学来说也是如此。为了达成高校乒乓球课程目标，各地、各学校和体育教师可以选择不同的教学内

容以及采用不同形式的教学方法来完成。

对于高校学生来说，更多的选择和学习空间有助于促进他们参与学习的兴趣和积极性，这在高校乒乓球课程教学内容资源的开发方面也的适用的。由此，学生通过对自身兴趣和爱好的自查，来有针对性地选择自己所喜欢的教学内容和学习方式，在有效提升学生学习积极性的同时，大幅度提升学习效果。

3. 能够为学生进行自主学习创造出更好的条件

现代教育对自主学习是非常重视的，对自主学习重要性的认识也较为深刻，这在高校乒乓球课程教学中也不例外。不管是什么样的教学内容、教学方法还是教学策略，在具体的应用功能方面所起到的作用是较为单一的，所取得的教学效果也非常有限，对于在学习需求和学习策略、学习风格等方面差异显著的广大学生来说，这些不利于他们学习需求得到满足，也不利于他们各自潜力的发挥。要解决上述问题，可以提供丰富多样的学习资源，使学生能够按照自身的实际情况和需求来将适合自己的学习渠道和方式确定下来，这对于学生的自主学习是非常有帮助的。

（二）高校乒乓球课程教学内容资源的开发与利用

乒乓球作为竞技体育运动项目之一，是传统体育教学内容的主要来源，其教学体系也属于竞技体育运动的范畴。需要强调的是，乒乓球进入到学校体育课程教学的范畴后，其目标就发生了转变，即由提高运动成绩逐渐转变为促进广大学生身心健康。这就需要对高校乒乓球课程教学内容进行改造：一个是对乒乓球比赛规则进行简化和异化，另一个是充分挖掘和开发乒乓球运动内容的多种功能。

简化，就是去繁从简，进一步来说，就是将那些过于详细的、与学生关系不算紧密的、对促进健康不利的规则摒弃，从而激发学生的学习兴趣，促使他们全身心地投入到乒乓球活动中去。

异化，一方面是指对既有规则进行修改；另一方面是指在既有规则的基础上加以创新，使创新出来的规则能够与学生和学校场地更适应。

从当前的状况来看，高校乒乓球课程教学内容资源是非常丰富的，在对其进行开发时，学校和体育教师必须要以学生的实际为出发点，与学生的身心发展特征相结合，对现有的高校乒乓球课程教学内容进行优化，这既是高校乒乓球课程设计的重要内容，同时也是发挥教师主导作用的一个重要体现。

改造高校乒乓球课程教学内容所用到的方法主要有以下几点。

（1）通过将技术结构进一步精简、简化来有效降低运动难度，从而将其在

增强学生体能、增进学生健康方面的作用进一步强化；同时，也能使学生参与运动时所承受的生理和心理负担有所缓解。

（2）要适当调整高校乒乓球场地和器材的规格，并适当修改比赛规则，从而与学生的实际特点和需求更加适应，将学生学习兴趣更好地激发出来，从而有效提升学生在乒乓球运动中的参与程度。

（3）在乒乓球运动负荷方面不要有过高的要求，做到适宜即可，否则，会与学生运动锻炼的需求和发展特点不适应，最终呈现的效果也会不理想。

（4）组织教材内容至关重要，要对传统教材中乒乓球运动的竞技特点进行有针对性的调整和转换，将乒乓球的多种功能尽可能地挖掘出来，需要注意的是，在挖掘过程中，一定要对教材的多元化功能进行充分考量。

（三）高校乒乓球课程教学内容资源开发和利用的注意事项

（1）要与《国家基础教育课程改革纲要》的理念和目标相符，并且要有效落实《标准》的要求，对学生的健康发展起到促进作用。

（2）开发和利用高校乒乓球课程教学内容资源，首先要参照 5 个学习领域的内容标准，然后进行学习内容的精选，精选的内容主要是那些对学生身心健康有利的；同时，还要把积极围绕学生的发展需要作为中心，对学生在这方面的创新能力和创新精神进行积极的培养和提升。

（3）高校乒乓球课程教学内容资源的开发必须与学生的身心发展特点相符合，在有效满足学生在乒乓球方面的兴趣和相应的发展要求的同时，也要有效关注学生的群体需求以及个体需求，不可忽视其一。

（4）对高校乒乓球课程教学内容资源进行开发。学生的兴趣、知识、生活经验、需求、可接受性、情感态度和价值观及培养目标等都是需要考虑的重要因素，此外，还要增强乒乓球课程教学内容资源的实用性。与此同时，也需要与高校乒乓球课程教学的具体实际相结合，使其能够反映学校特色。促进新课程目标的整体实现。

（5）开发和利用高校乒乓球课程教学内容资源，一定要重视教学内容的安全性；同时，组织措施也要到位。

对高校乒乓球课程教学资源进行开发和利用，对于我国基础教育课程改革目标的实现会产生非常重要的影响。当下的一个重要课题，也是当务之急，就是要进一步增强高校乒乓球课程教学资源意识，提高各高校及体育教师对高校乒乓球课程教学资源的认识水平，因地制宜地开发和利用乒乓球相关的丰富课程教学内容资源，以促使高校乒乓球课程教学改革目标的顺利实现。只有采用现代教育理念来对高校乒乓球课程教学资源进行辩证开发，才能更好地培养出与现代社会需求相适应的身心健康的学生。

二、高校乒乓球课程教学内容资源的发展对策

（一）高校乒乓球课程教学内容资源的发展现状

从当前的形势来看，在发展过程中，我国高校乒乓球课程教学内容资源方面仍有一些问题存在并亟待解决，主要可以归纳为以下几方面。

1. 学生的主体性没有在设计上体现出来

在设计高校乒乓球课程时，一定要从促进大学生身心健康的角度来入手，这是最核心的要求；同时，还要以学生的身心发展和促进学习为出发点，有效选择涉及的相关教学内容，另外，还要与学生的需要、学生的发展以及学生的主体作用相结合，从而保证教学内容的科学性与合理性。但是，在具体的高校乒乓球课程教学内容的实际设计操作过程中，大部分的体育教师没有充分考虑到学生的具体发展需要，对教学过程中学生的主体作用的重视程度还远远不够。

2. 课程安排的合理性欠缺

对我国高校乒乓球课程安排进行调查分析后发现，这方面存在着较多的问题。比如，乒乓球课的安排方面，学校往往重视实践课而忽视理论课。但是，实践是在理论的基础上实施的，缺乏理论的支撑，学生乒乓球课程教学的开展就会受到制约，乒乓球课教学质量也不会理想。

3. 教学内容陈旧，缺乏创新

一直以来，我国体育教学始终强调教学内容体系的完整性但灵活性不够，高校乒乓球课程教学也是如此。这会导致一些具有前沿性和现代性的教学内容不能及时进入教学体系中，使得高校乒乓球课程教学的相关知识和技能相对老旧，在缺乏创新的情况下，让学生感觉枯燥、乏味。

4. 教学内容单一，无法满足学生的自由选择

宏观方面，高校乒乓球课程教学内容不够灵活，让教师的自主性受到一定限制，具体表现为以下几点。

（1）过于细致的教学大纲及相关规定，导致编排出来的教学内容大多大同小异，教师在确定高校乒乓球课程教学内容时，自由发挥程度受限，通常只能"照章办事"，教师的创造性作用得不到充分发挥，无法将其主导性地位体现出来。

（2）由于教学内容可供选择的空间不大，导致学生的具体发展需要与课程内容不匹配，再加上选修的教学内容所占的比例较少，这些都不利于高校乒乓球课程教学内容的进一步完善与理想教学效果的取得。

（3）高校乒乓球课程教学内容过于单一化，在这样的情况下，要想将高校乒乓球课程教学的教学目标体现出来是非常困难的，而且在高校乒乓球课程教学内容中，真正满足学生兴趣的、趣味性和娱乐性较为显著的相关内容是不足的。

5. 基础设施不能满足教学与学生需求

高校乒乓球课程教学活动的开展是需要在一定的物质基础上实现的，就是指要具备完善的场地和器材设备。从目前的状况来看，我国大多数高校乒乓球课相关的场地和器材设备不够完善，很难确保乒乓球的教学质量。比如，学校在教学设备的保护方面往往是忽视的，这就导致很多乒乓球台被损坏，但是由于没有得到及时的维修，仍处于使用当中，这就会对学生的健康产生威胁；很多高校不及时地更新教学设施，不能够做到与时俱进，这对于学生创新能力的提高是不利的。①

6. 教学内容较多，认识深度不够

高校乒乓球课程教学包含的内容非常之多，就表面来看，看似对学生的全面发展给予了足够的重视，但就实际来说，很难在规定的时间内将这些教学内容一一教授完。即便能够在规定时间内教授完一部分内容，通常也只是对一些表面性的知识进行综合性的讲授，学生对所学的乒乓球课程教学内容的认识不够深入，这也不利于学生更好地掌握乒乓球运动技能。

（二）高校乒乓球课程教学内容资源的发展趋势

关于高校乒乓球课程教学内容资源的未来发展走向，可以大致归纳为两个方面。

1. 教师价值主体逐渐转变为学生价值主体

通过对之前传统教学大纲的分析研究发现，在选择和确定高校乒乓球课程教学内容方面，一定要以教师在教学内容中的价值取向为导向进行，也就是要高度重视教师的教的环节。但是，随着现代体育教学深化改革的不断推进，在高校乒乓球课程教学内容的选择方面，学生的价值取向越来越得到关注和重

---

① 胡毅，朱旖旎，刘振，刘稳. 普通高校乒乓球课教学内容的优化探究［J］. 体育风尚，2019（09）：152.

视，逐渐形成一种普遍性的发展趋势，即从学生的主体性角度来选择和确定相应的高校乒乓球课程教学内容。

2. 重视学生身体素质发展转变为重视学生身心全面发展

由于之前的高校乒乓球课程教学内容的选择受制于多种因素，从而导致高校乒乓球课程始终定位于是一门对学生身体素质进行重点发展的体能达标课。在新课程改革正式实施之后，学生在教学中所扮演的角色和承担的责任越来越重要。在选择和确定高校乒乓球课程教学内容方面，必须要与素质教育相关要求吻合，在提升学生乒乓球专项技能的同时，也更好地促使学生身心得到全面发展。

（三）高校乒乓球课程教学内容资源的发展改革措施

1. 及时更新教学内容动态

包括高校乒乓球课程在内的所有课程，都是一定社会、经济制度的产物。教学内容的选择必然伴随社会的发展而不断更新与完善；社会发展的促进作用也是推动教学内容选择与发展的必然结果。社会始终处于持续发展的动态中，因此，这就要求高校乒乓球课程教学内容的选择也要时刻保持动态更新。一般来说，高校乒乓球课程教学内容资源的更新主要涉及三个方面，即教材版本更新、精选乒乓球教材内容更新以及教材体系更新。

2. 合理安排课程体系

众所周知，理论和实践两者之间的关系是非常密切且不可缺少其一的，教学活动的质量取决于两者之间的相互促进。关于高校乒乓球的教学内容，首先，应该从高校自身出发，做好相应的规划，并保证规划的科学性和专业性，将理论和技术放在同等重要的位置上。但是，实际情况并非如此，调查发现，大部分的高校乒乓球教师在教学过程中教授的内容以乒乓球的具体技术为主，涉及的专业理论知识非常少，这就导致学生对乒乓球的总体认知程度较低，只掌握专业技能，在理论知识方面"一问三不知"。因此，对于高校来说，就要适当调整乒乓球课程安排体系，平衡理论和实践的比例，从而保证乒乓球课程教学的有效性。另外，在教学内容的安排上，也应该先对学生进行理论教学，使学生意识到乒乓球理论课的重要性，并了解与乒乓球有关的规则，以保证乒乓球实践课活动的合理性和有效性。

3. 通过积极的引导提升学生的思考能力

乒乓球运动对于学生来说，能使其动手能力和思考能力都得到有效锻炼和提升。因为在高校乒乓球课程教学过程中，尤其是实践教学中，学生要以球运动的轨迹来判断球落下的位置，还要细心观察对手的运动习惯，从而在对手下

一次出球时对其击球方式进行准确预判。在乒乓球战术方面，学生则需要进行长时间的观察、冷静的思考、缜密的规划等来进行分析。战术的最佳讲解模式便是教师根据学生的实际情况创设学习情境，规划好每一个课时的内容，从学生的兴趣点出发，让学习内容与社会热点连接起来，从而提高学生学习的效果。[①]

4. 增设游戏活动的相关内容

要想保持学生的学习热情和兴趣，以及良好的教学效果，一成不变的课堂授课是不可能实现的，因为学生并不喜欢枯燥乏味的学习和机械性的教学和训练，因此，增设游戏活动是有效解决这一问题的途径之一。游戏的增设，能使学生的注意力得到有效集中，还能将其作为课前热身的项目来吸引学生的注意，此外，还可作为一种课前热身项目，对后续的乒乓球专业技能训练起到事半功倍的效果；除此之外，还可以有针对性地增设一些游戏，从而有效增强学生的凝聚力，对集体的意义有更加深刻的体会，达到弘扬竞技体育精神的目的。游戏的方式多种多样，可以是单人对抗赛、多人对抗赛、接球竞赛等，可具体根据乒乓球课程教学的实际需要来进行选择。

5. 完善乒乓球场地器材

场地器材，是体育教学开展的重要物质基础，高校乒乓球课程的教学的开展同样需要相关的场地器材加以支撑。良好的场地器材，能够为学生提供一个良好的教学环境，因此，重视乒乓球课教学场地器材的建设工作至关重要。

具体来说，各个高校要参照学生的数量来明确乒乓球场地和器材的数量，从而使学生在乒乓球场地和器材方面的需求得到充分的满足，保证学生乒乓球课学习的正常开展，同时，还要做好器材的更新工作，做到与时俱进。另外，高校还应建立一套场地和器材的维修制度，定期地对场地和器材进行维护，同时规范学生的行为，使其在上课时对场地和器材进行保护，延长场地和器材的使用寿命。在课余时间，为有兴趣的同学提供场地进行练习，丰富其课余时间，促进学生的全面发展。[②]

---

① 李冬阳. 高校乒乓球课教学内容的优化与改革［J］. 拳击与格斗，2020（01）：86.
② 胡毅，朱旖旎，刘振，刘稳. 普通高校乒乓球课教学内容的优化探究［J］. 体育风尚，2019（09）：152.

第四章
高校乒乓球课程教学方法与模式的
创新与优化

本章主要就高校乒乓球课程教学方法的优化展开研究，首先阐述体育教学方法的基本知识；其次分析高校乒乓球课程的常用教学方法；再次对信息化技术背景下创新教学方法在乒乓球教学中的应用展开分析；最后提出优化高校乒乓球课程的教学方法建议与策略。

第一节　体育教学方法概述

一、体育教学方法的概念

广义上的体育教学方法是指体育教师为达到体育教学目标在教学过程中指导学生所进行的一系列活动方式、途径和手段的总和。[①]

狭义上的体育教学方法是指体育教学中教师依据教学目标，为使学生循序渐进掌握体育知识与技能而选择的某种具体方法或手段。

二、体育教学方法的分类

体育教学方法的分类方式有很多，参考不同的标准，有不同的分类方法。下面主要介绍三种常见的分类方法。

（一）根据体育学科的特性分类

依据体育学科的特性，可以将体育教学方法分为"教法"和"学练法"两种类型（图 4-1）。教法以教师为主，包括三个阶段的教法，这是

[①]　张振华. 体育教学理论与方法 [M] . 北京：北京师范大学出版社，2016.

依据运动技能的三个形成阶段（建立技术表象、实施与矫正技术、巩固技能）而划分的，在运动技能形成的不同阶段教师采取的教法有所不同。学练方法以学生为主，包括学法和练法，包括有教师指导和无教师指导两种情况。在有教师指导的情况下，依据运动技能的形成过程也可分为三个阶段的学练法。

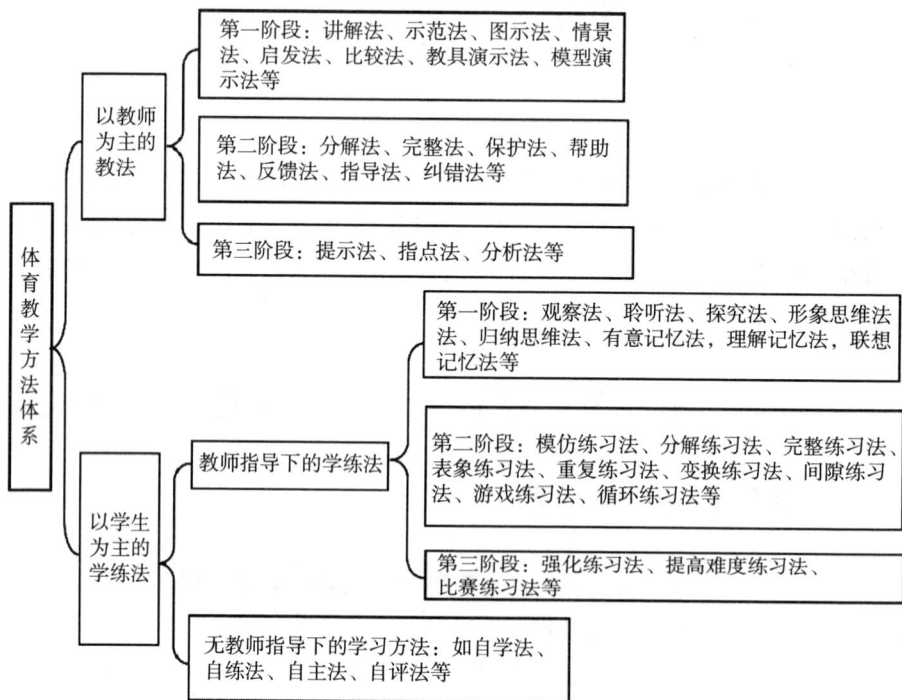

图 4-1　体育教学方法体系①

（二）根据体育教学指导思想分类

根据体育教学的指导思想，将体育教学方法分为下面两种类型。

1. 原理性体育教学方法

原理性体育教学方法是在新教学思想的指导下形成的，以新教学理念为依据而解决体育教学实践问题，是教学思想在体育教学实践中直接转化的结果。这类教学方法又包括知识型和能力型两类教学方法，它们的共同点是具有原理指导性。

---

① 李启迪，周妍. 体育教学方法与手段甄异［J］. 体育与科学，2012，33（06）：113-117.

2. 操作性体育教学方法

操作性教法是体育课堂上运用的具体教法，如口头讲解法、教具演示法、各种练习法等。操作性教法非常普通，很多体育课上都可以用（图4-2）。

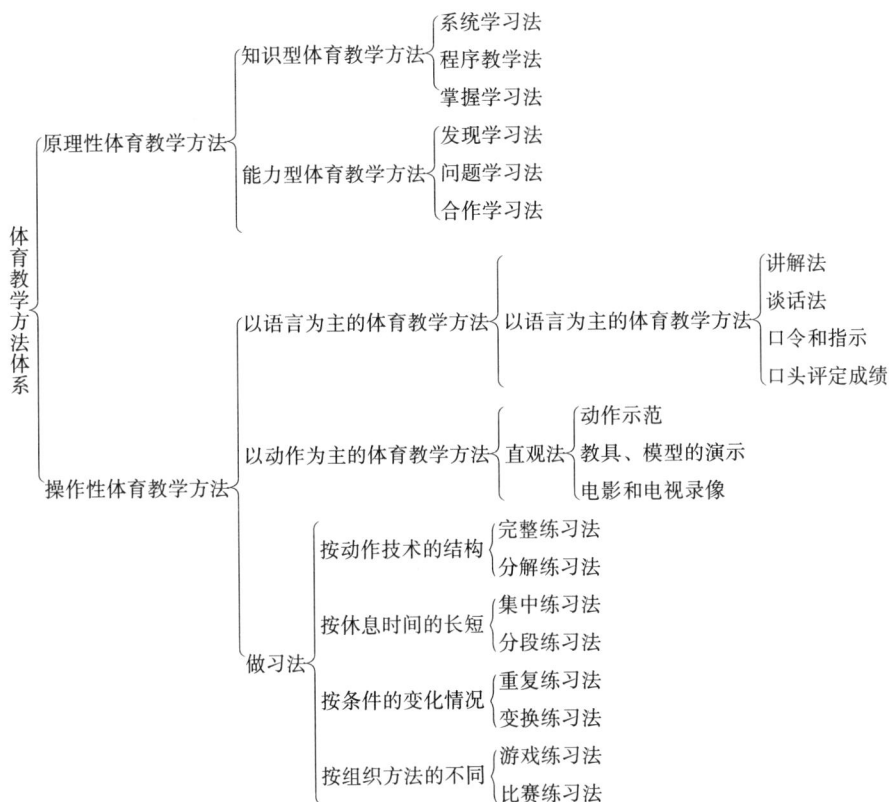

体育教学方法体系
- 原理性体育教学方法
  - 知识型体育教学方法
    - 系统学习法
    - 程序教学法
    - 掌握学习法
  - 能力型体育教学方法
    - 发现学习法
    - 问题学习法
    - 合作学习法
- 操作性体育教学方法
  - 以语言为主的体育教学方法
    - 以语言为主的体育教学方法
      - 讲解法
      - 谈话法
      - 口令和指示
      - 口头评定成绩
  - 以动作为主的体育教学方法
    - 直观法
      - 动作示范
      - 教具、模型的演示
      - 电影和电视录像
  - 做习法
    - 按动作技术的结构
      - 完整练习法
      - 分解练习法
    - 按休息时间的长短
      - 集中练习法
      - 分段练习法
    - 按条件的变化情况
      - 重复练习法
      - 变换练习法
    - 按组织方法的不同
      - 游戏练习法
      - 比赛练习法

图4-2　体育教学方法体系①

（三）根据体育与健康课程标准目标分类

依据体育与健康课程标准目标，结合教育学中教学方法的基本原理和现代体育教学改革的特点与变化特征，可以将体育教学方法分为如图4-3所示的几种类型。体育教师可根据不同的教学目标选用相应的教学方法，使教学方法发挥其应有的作用，为教学目标服务。

---

① 曲红军. 论体育教学方法的分类与选择［D］. 济南：山东师范大学，2003.

体育教学方法体系

- 体育健康知识和运动技术理论教学方法体系：讲解法、谈话法、问答法、讨论法、比较法、归纳法等
- 运动技术教学方法体系
  - 泛化阶段教学法：情景置疑法、启发法、发现法、直观法、示范法、多媒体法、模拟法、辅助练习法、暗示法、比较法、分解法、预防错误动作法
  - 提高阶段教学法：纠正错误法、部分完整练习法等
  - 技能巩固阶段教学法：重复练习法、变换条件法、完整练习法、自练法、过渡练习法、强化法、比赛法、循环练习法等
- 发展学生体能方法体系：负重法、持续法、间歇法、游戏法、综合法、比赛法
- 激励与评价运动参与方法体系
  - 激励法
    - 兴趣激励法：成功教学法、愉快教学法、需要满足法、教学引趣法等
    - 动机激励法：目标设置法、创新情境法、积极反馈法、归因教育法、价值寻求法等
  - 教育法：说服法、鼓励法、榜样法、评比法、表扬法、批评法等
  - 评价法：积极评价法、鼓励评价法、对比评价法、信息反馈法、自我评价法等
- 发展学生心理方法体系（包括社会适应能力）：个别与集体指导法、个体培养法、自学法、自练法、差别教学法、分组轮换法、合作学习法、分层教学法等

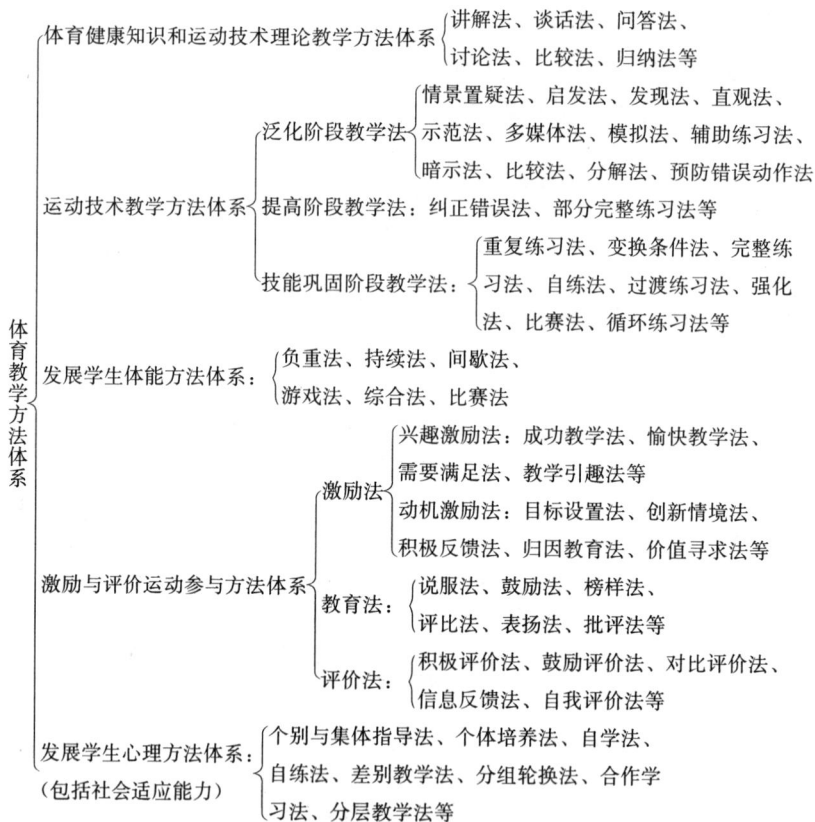

图 4-3　体育教学方法体系①

三、乒乓球教学方法的改革

（一）避免灌输式的体育教学方法

乒乓球教学是建立在学生的身体实践的基础上的教学活动，如果采取灌输式教学方法，不是从每个学生的个性情况出发，那么教学效果必然会大打折扣。学生要对体育知识、体育原理以及体育学习方法有深入的理解，然后从自身的实际情况出发，才能更加顺利地完成训练，才能更加享受学习的过程，从而达到育心、育体、育人的目的。

所以，高校在进行乒乓球教学方法的改革时，应该极力避免灌输式教学，避免让学生处于被动接受的状态，使乒乓球教学的形式大于内容，最终无法实

---

① 李启迪，邵德伟．体育教学基本理论研究［M］．北京：北京师范大学出版社，2014.

现乒乓球教学的根本目的。

（二）努力发展体育教学的多样化

（1）以学生个体需要的多样性出发，努力发展更加多元的教学方法和手段。

（2）开发丰富的乒乓球教学内容，使体育课堂更具多样性。

（3）拓展高校体育组织形式的多样性。

（三）从培养学生的实践能力入手

当前很多体育教师在教学时，陈旧的教学方法限制了学生创新思维的发展，他们关注的重心在于学生的考试成绩，而不重视学生们发现、分析以及解决问题的创新能力培养。因此，高校在进行乒乓球教学方法改革的工作中，应该从培养学生创新能力行业实践能力入手。而创新能力的培养，需要学生具有主动探索的热情和积极性，这必须通过他们在实践过程中自发产生。为此，我们的高校乒乓球教学应该从学生的实践着手，这样才能真正培养学生的动手能力和创新能力，学生将来走向社会才能在激烈的竞争中生存和发展。

第二节　常见的高校乒乓球课程教学方法及应用

一、讲解法

讲解法是一切教学的基础，能够有效地帮助学生在较短的时间内理解和掌握基础的体育知识和技能。语言交流是人与人之间最主要的沟通交流方式，因此也是学生最习惯、最擅长的接受信息的途径。教师应该充分利用语言交流的功能，努力把体育教学中可以通过语言传达的信息，经过巧妙的组织，以生动、简洁、快速、好理解的方式传递给学生。同时需要注意的是，体育毕竟是一门实践课，教师的讲解应尽量做到精炼和准确，然后给学生更多的时间进行体会和练习，这样才能达到较好的教学效果。

（1）明确讲解目的，根据教学目标、教学内容和学生特点进行讲解。

（2）在讲解时，应注重内容的正确性，讲解方式要与学生的学习情况和学习能力相适应。

（3）讲解要生动形象、简明扼要，以使学生更好地理解教学内容。

（4）讲解中不能将一些知识体系和动作技术割裂开来，要注重启发学生的

发散性思维和创造性思维，使学生触类旁通，举一反三，学以致用。

（5）注重讲解的时机和效果，充分调动学生的积极性。

二、动作示范法

动作示范法是教师示范一些动作，使学生掌握技术动作的形象、结构和要领的基本方法。动作示范法的优势是直接快速地向学生展示动作特点和技术要领。并且，示范法还会因教师优美流畅的动作而激发学生的学习兴趣。

（1）动作示范应具有目的性，根据目的调整示范速度、示范角度和示范次数。

（2）示范动作应正确无误，并与学生的学习能力相适应。

（3）乒乓球教师在全体学生都能看到的位置完成动作示范。

（4）示范时一般要配合讲解，使学生更好地理解动作。

三、完整与分解教学法

（一）完整教学法

完整教学法是与分解教学法相对的，是指对整套动作进行完整的教学。完整教学法结构简单、动作协调优美、方向路线变化少，各动作之间密切联系。完整教学法适用于一些技术难度低，易于学生在脑海中形成完整的动作概念的项目。

在乒乓球教学中采用这一教学法要注意以下几点。

（1）在讲授简单和易于掌握的乒乓球技术时，先进行完整的动作示范，再让学生完整模仿练习。

（2）可适当改变外部环境条件，使学生在外力条件的帮助下完成完整乒乓球动作。

（二）分解教学法

分解教学法的好处体现在两个方面：一方面，从技术难度的角度看，通过分解动作可以降低技术难度，便于学生的掌握和学习；另一方面，从心理接受的角度看，也提高了学生学习信心，很好地避免了畏难心理。在具体的实践中，应该注意分解的科学性与合理性，分解后仍然不破坏原有动作的构成。比如，我们观看一场 NBA 的比赛的话，会被篮球明星出神入化的高超技艺所深深折服，但是这并不能提高我们的球技。需要将连续的动作进行分解，才有利于学生的学习。一般而言，在教学中教师会分解为传球、投篮、运球等动作，这样能够将复杂的运动项目具体化、简单化。然后再针对每个环节进行练习和提高，直到最终能够掌握一套完整的技术，打出一场精彩的比赛。

在乒乓球教学中运用分解教学法时，应注意以下几点。

（1）认真分析乒乓球技术动作的特点，采用恰当的方式进行分解，注重时空因素的有序性和统一性。

（2）将完整技术分为多个动作时，注意各个动作之间的内在联系，不能破坏动作的内部结构。

（3）学生掌握分解动作后，要将分解动作衔接起来，形成有机的整体，再熟练流畅地完成完整动作。①

四、多球训练法

多球训练也是高校乒乓球课程教学中常用的教学方法之一，这是学生掌握乒乓球技术的一种练习方法，有助于提高学生乒乓球技术动作的熟练性与练习质量。下面主要分析一人多球练习法和两人多球练习法等。

（一）一人多球练习法

一人多球练习是一个人用一筐球来进行单个乒乓球技术动作的练习的方法。该方法适合初学者采用，能够使初学者了解乒乓球的击球动作结构，促进其发球技术质量的提高。

采用一人多球练习法时，可以进行自抛自打一板球练习，以掌握乒乓球基本功；也可以进行连续发各种不同性能的球的练习，如正反手高抛或低抛球发球，熟练掌握发球技术；或向对方台面固定区域发球，促进发球准确性的提高。

（二）两人多球练习法

两人多球练习指的是两个人使用一筐球进行单个技术或技术组合练习的方式。练习形式有一人供球、一人练习，两人同时练习等。在乒乓球多球训练

---

① 张伟峰. 现代乒乓球运动的多维探索与实战训练研究［M］. 北京：中国纺织出版社，2018.

中，两人练习的方法最为常用，这是促进学生基本技术质量不断提升、步法移动速度逐步提高的重要方法。

两人多球练习的具体方法如下。

1. 单个技术定点练习

（1）正手快攻练习（图4-4）。

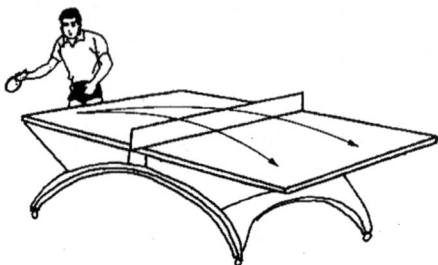

图4-4　正手快攻练习①

（2）拉弧圈球练习（图4-5）或打弧圈球练习（图4-6）。

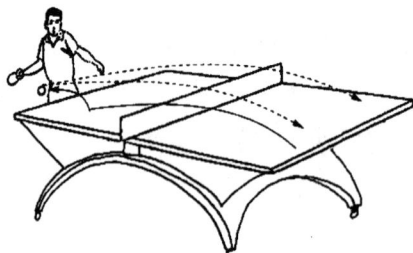

图4-5　拉弧圈球练习

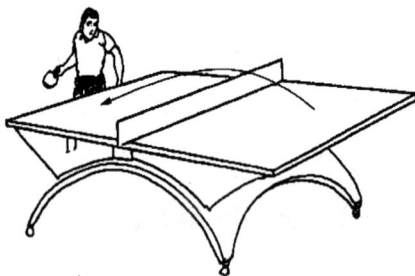

图4-6　打弧圈球练习

（3）正手扣杀球练习（图4-7）。

图4-7　正手扣杀球练习

---

① 刘建和．乒乓球教学与训练［M］．北京：人民体育出版社，2004.

2. 单个技术不定点练习

供球者供球的旋转性能及球的落点是变化的，练习方法如下。

（1）正手 1/2 台或 2/3 台，全台跑动攻上旋球练习（图 4 - 8）。

图 4 - 8　全台跑动攻上旋球练习

（2）正手跑动拉下旋球练习（图 4 - 9）。

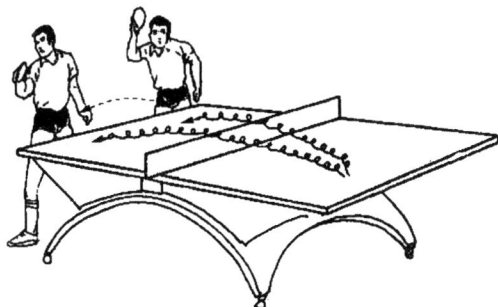

图 4 - 9　正手跑动拉下旋球练习

3. 结合技术动作定点练习

供球者供球的落点固定不变，练习者采用两个或两个以上的单项技术还击。练习方式如下。

（1）左推右攻或正反手两面攻练习（图 4 - 10）。

图 4 - 10　左推右攻或正反手两面攻练习

（2）正手拉扣结合练习（图4－11）。

图4－11　正手拉扣结合练习

（3）正反手削球练习（图4－12）。

图4－12　正反手削球练习

（4）正手削接长短球练习（图4－13）。

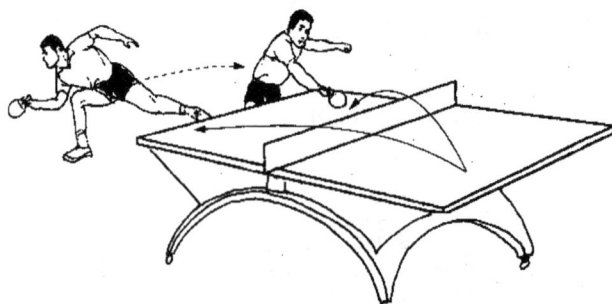

图4－13　正手削接长短球练习

（5）推挡侧身扑正手练习（图4-14）。

图4-14 推挡侧身扑正手练习

（6）削中反攻练习（图4-15）。

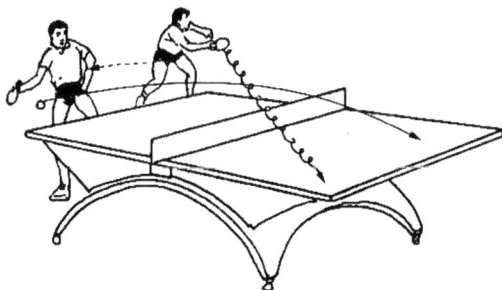

图4-15 削中反攻练习

（7）搓中突击结合扣杀练习（图4-16）。

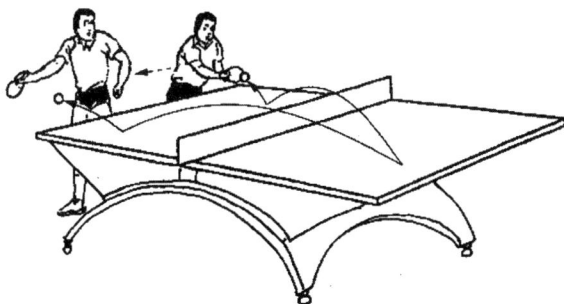

图4-16 搓中突击结合扣杀练习

4. 结合技术动作不定点练习

（1）削球或搓球压低击球弧线练习（图4-17）。

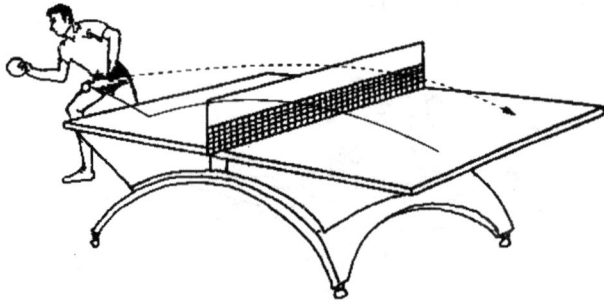

图 4 - 17　削球或搓球压低击球弧线练习

（2）扩大移动范围进行练习，即放两个半张球台，增加球台宽度，如图 4 - 18 所示。

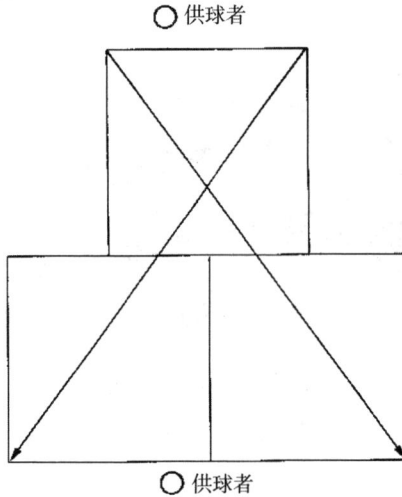

图 4 - 18　扩大移动范围练习

（三）三人多球练习法

三人多球练习指的是三人使用一筐球进行单个技术或技术组合练习的方式。具体练习中，可以由其中一人供球，其余两人练习：也可以由两人供球，一人练习。该练习方法主要用于双打中，在学习难度较大的组合技术中也可以采用该方法。

一人供球，两人练习的方法如下。

1. 双打走位练习

一人以削球或攻球的方式供球，球的落点要能充分调动两名练习者下肢移动，不断变化落点，使练习者的移动范围逐渐加大。

两名练习者交替在移动中回击，可攻对方台面一角或交叉攻两角。每组 50 个球，练习 2～3 组。

2. 正手打回头球练习

一人供球，球的旋转性能和落点要有变化。两人练习，一人用不同攻球方法还击，另一人用正手攻球技术打回头。

3. 一拉一打弧圈球练习

一人采用攻球或削球的方法供球，开始时供固定落点的球，然后变化球的落点，两人练习，一人拉弧圈球至对方台面某一点，另一人在球台另一端打弧圈球。

第三节 乒乓球运动教学方法的创新与运用

随着体育教学的深入改革与不断创新，许多新的教学方法被创造和设计，并在实践教学中取得了良好的运用效果，有效提高了体育教学的水平与质量。在乒乓球教学中，为了取得更好的教学效果，应该结合乒乓球运动的特点而合理运用创新性的体育教学方法。下面主要分析几种适合在乒乓球教学中运用的创新性教学方法。

一、程序教学法

(一) 概述

程序教学法指的是教师根据技战术的要求，先采用系统方法将技术编制成若干步子，然后要求学生先学习前一步的技术，等达到规定的技术标准后，再学习下一步的技术，最终高质量地完成技术教学任务。

有学者根据程序教学法的要求，编制了乒乓球基本技术的教学程序（表 4-1）。

表 4-1 乒乓球技术教学程序

序号	基本内容	辅助练习	发球	步法	达标
1	握拍和基本姿势	徒手练习	—	—	一次课完成
2	平挡球	徒手练习	平挡发球	单步	一个回合 20 板
3	推挡球	徒手练习	—	跨步	一个回合 20 板（斜线）

(续)

序号	基本内容	辅助练习	发球	步法	达标
4	正手快抽	徒手练习	正手发上旋球	跳步	同推挡球
5	左推右攻	徒手练习	反手发上旋急球	跨跳结合	一个回合左右结合 10 组
6	搓球	徒手练习	发下旋球	—	一个回合 20 板
7	正手拉球	徒手练习	—	侧身步	多球 1 分钟 20 板
8	正手扣球	徒手练习	发侧旋球	交叉步	板数同拉球
9	搓、拉、扣结合	徒手练习	—	—	多球 1 分钟 10 组
10	发球与接发球	徒手练习	侧上、下旋与长短球	—	一次课完成
11	全面练习	徒手练习	—	—	两次课
12	计分比赛	徒手练习	—	—	一次课

　　上述乒乓球技术的教学程序能够为教师和学生循序渐进地教与学提供指导。从系统论的角度来看，采用乒乓球程序教学法进行授课的具体操作程序如图 4-19 所示。

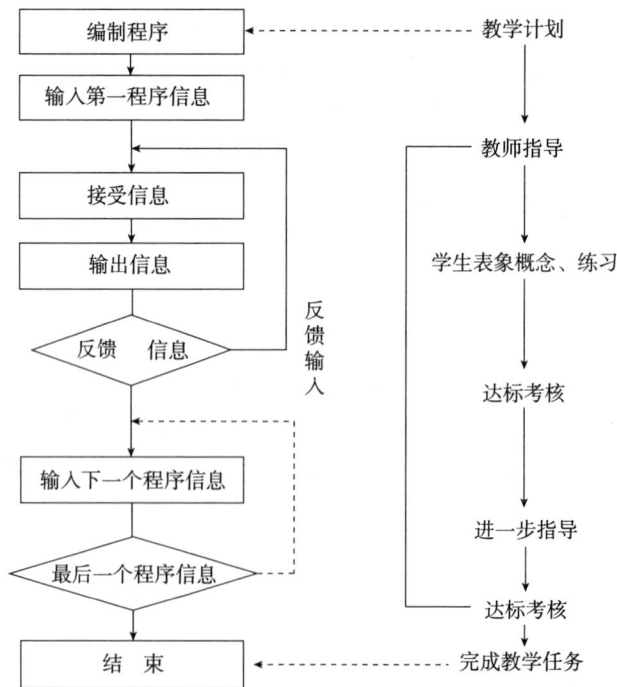

图 4-19　乒乓球程序教学法

　　乒乓球程序教学法具有以下几个基本特点。

（1）按系统方法安排教学程序，有助于循序渐进地实施教学内容，使学生由浅入深、由易到难地学习与掌握乒乓球技术，学生在这个过程中也可以了解自己的学习进度和与预期学习目标的差距，从而更有目的地学习。

（2）真正贯彻了因材施教的教学原则。基础好的学生只需要较短的时间就可以达到某一步骤的技术标准，进入下一步的学习；水平一般的学生需要刻苦学习一段时间才能达标，然后进入下一阶段的学习；基础差的学生为了不落后，会更加勤奋努力。总之，程序教学法可以激励不同技术水平的学生。不同层次的学生练习适合自己水平的内容，这是因材施教教学的表现。

（3）加强了考核的信息反馈环节，将学生学习的积极性有效激发出来。乒乓球运动量较小，打球方式有很多变化，所以学生对乒乓球课有浓厚的兴趣，但他们在学习乒乓球技术时不喜欢被过分约束，这会对其正确动作技能的形成造成影响，如果出现错误动作，他们也不能及时改正。运用程序教学法会考核学生每一步的学习内容，这就能够及时发现学生的错误并使其迅速改正，学生也会因此而养成严格要求自己的好习惯。

（4）能够培养学生独立完成作业的能力。在乒乓球课上，教师不可能花很多时间来专门辅导某个学生，学生最主要还是要靠自己努力来掌握技术，独立完成每一步的练习，一步步向最终的目标靠近，这就有效培养了学生的独立思考与学习的能力。

（5）能够培养学生的教学能力。在乒乓球技术课上，基础好的学生快速掌握了技术后，还可以帮助其他同学，这样不仅能够巩固自己的学习所得，也能帮助同学进步，并配合教师尽快完成教学目标。在程序教学法的实施过程中，最初学生都在同一条"起跑线"上，教师提出统一要求。随着不断的练习，基础好的学生与基础较差的学生在学习进度上就会拉开距离，经过达标考核后，达到某一步骤标准的学生会进入下一学习阶段，此时教师只对这些学生进行指导。等基础稍差的学生在某一步骤的学习中达标后，由基础好的学生指导他们练习下一步的内容。教师一边观察，一边辅导，这对基础好的学生来说是非常好的锻炼机会，他们通过担任"教师"角色，可以形成一定的教学能力，对于将来可能走上教师岗位的学生来说，这些机会能够为其顺利适应教师工作而奠定基础。

（二）程序教学法

在乒乓球教学中的运用程序教学法，一般要按照以下步骤来组织实施。

（1）在乒乓球教学的开始阶段，鉴于不同学生的乒乓球运动经历和基础水

平不同，所以要先组织一次针对所有学生的测验，记录测验结果，以便与以后的成绩作对比，从而了解学生的进步情况和学习接受能力。初始测验主要包括以下内容。

①发球。看学生是否可以按规则要求发球和掌握发球方式。

②推挡球（有三个回合，统计各回合板数）。

③正手攻球（有三个回合，统计各回合板数）。

④搓球。看学生是否能够控制好弧线，同时要统计板数。

初始测验结果登记表见表4-2。

表4-2　乒乓球初始测验结果登记表

姓名	发球		推挡球			正手攻球			搓球			技评			备注
	会否	发球方式	1	2	3	1	2	3	1	2	3	优	中	差	

（2）要求所有学生一次课完成第一个程序内容，以传统教学为主，教师先讲解示范，然后学生练习，教师巡回辅导。第一程序内容不需要学生在台上练习，所以很容易掌握。

（3）第二个程序开始，教师先示范，学生台上练习，此时不同学生的水平差别就会显示出来。教师进行个别指导，观察学生掌握技术的程度，适时对学得快的学生进行测验，学生达标后，教师指导其学习和练习下一步内容。

（4）让学得好、学习进度快的学生指导学得慢的学生练习新的内容，教师提供辅助。

（5）在每节课开始时，教师对处于不同学习进度的学生，从低到高进行配对安排，明确提出本次课要重点解决的技术问题、易犯错误及纠正方法，并对不同学生提出不同要求，使他们清楚自己的目标与方向，也便于对自己的练习效果做到心里有数。教师在课堂上选择适当时机组织升级达标测验，让学生逐步完成每个步骤的练习。

（6）在教室张贴学生的学习进度表，并在学生学习进度表上详细登记每个学生完成每一步骤学习内容所用的时间，以全面掌握全体学生的学习进程。学生的学习进度表见表4-3。

表4-3　学生学习进度表学

姓名	1	2	3	4	5	6	7	8	9	10	11	12	总计学时
李××	1		1	4	4	1	3	2	3	1	1	1	23 完成
张××	1	1	6	8	6	3	5	2	3	1	1	1	36 完成
刘××	1	3	6	11	10	3	2						36 未完成
……													
……													
……													
……													
……													

（7）观察学生的学习进度表，选择合适时机讲授乒乓球技术理论，使学生将理论知识运用到练习中，更好地指导实践，提高学习效率。

二、领会教学法

领会教学法注重培养学生的"战术意识"，在整个教学过程中使用这一教学方法，能够将学生素质与技战术的培养有机结合起来，促进学生全面发展，这是"领会教学法"与传统教学法相比所具有的优势。

在乒乓球教学中科学合理地采用领会教学法具有重要意义。为了充分发挥这一教学方法的作用，切实提高教学质量，需要从以下几方面着手来提高实践应用效果。

1. 更新教学理念

在体育教学中，教学理念是非常重要的教育精神支撑，因此在乒乓球教学中要不断更新教学理念，引进优秀的教学理念，与时代接轨，摒弃传统教学理念中不合理的因素，充分发挥领会教学法的优势，营造和谐的教学氛围，大力培养学生的实战能力，提高乒乓球教学水平。

2. 提高乒乓球教师的综合素质

领会教学法在乒乓球教学中的作用是通过乒乓球教师的实施而实现的，该方法的实施效果与乒乓球教学质量直接受教师综合素质的影响。不断提高乒乓

球教师的综合素质，能够保障良好的教学效果。培养教师的综合素质要从以下几方面进行。

（1）提高入职门槛。

（2）组织乒乓球教学赛课，规定教师采用领会教学法进行教学，这有助于激发教师对领会教学法的探究热情，也能为乒乓球教师之间的交流提供平台，并提高乒乓球教师的竞争意识。

（3）建立培训体系，不断提高乒乓球教师的执教能力，进一步提高教师实施应用领会教学法的能力。

3. 改革乒乓球教学方式

教师可以在乒乓球课堂上利用互联网 3D 技术以抽象的动画模拟来分解乒乓球动作，或采取仿真观摩战术的策略，使学生获得直观感受，提高学习兴趣。

4. 优化乒乓球教学环境

乒乓球教学的开展需要基本的教学场地，学校应在这方面加大资金与人力资源的投入力度，修建场地，购置器材与设备，不断改善乒乓球教学环境，从而在良好的教学环境中更好地实施领会教学法，为提高教学效果而奠定物质基础。

在优化与改善乒乓球教学环境的过程中，最主要的是更新乒乓球器材、教材。现阶段，乒乓球器材设备陈旧、老化等问题在一些学校普遍存在，这直接影响了学生学习乒乓球的兴趣，要在乒乓球教学中顺利实施领会教学法，要求学校改变乒乓球器材设施条件的现状，购置新的教学器材，满足教学的需要。

另外，学校要及时更新乒乓球课程教材，将现代信息网路技术充分运用到教学中，教师以教学内容、学生的接受能力、学校的教学条件等为依据对网络资源中的图片、视频等多媒体形式灵活运用，直观、形象地解读乒乓球技术动作，活跃课堂气氛，从而更好地开展教学工作。

总之，领会教学法因为具有强大的优势和突出的作用而被广泛运用到乒乓球课堂教学中，成为乒乓球教学改革创新的重要路径之一。在乒乓球教学中实施领会教学法，符合当代学生的学习特点，能够促进学生学习效果的提升，培养学生的思维能力和实战能力，使学生树立全局意识，进而提高学生的综合能力；此外还能增强学生的体质，这与现代素质教育的理念相符。乒乓球教师应充分认识到领会教学法的意义，并科学操作与实施，以良好的实践效果促进这种教学方法的推广。

三、分层升降教学法

(一)分层升降教学法的特点

分层升降教学法是在分层教学法的基础上调整教学层次的新兴教学方法。乒乓球运动的技术性很强,将分层升降教学法运用到乒乓球课程教学中,可根据不同学生的实际情况设定不同层次的目标,充分调动学生学习的积极性。

分层升降教学法具有以下特点。

1. 强调学生的主体地位

在具体实施过程中,学生的主体地位得到重视,学生充分发挥自己的主观能动性,积极主动地投入学习。经过不断努力,学生不仅完成了学习目标,还上升到了更高的层次,成就感倍增,而且更有信心学习后面的知识。

2. 对教师提出了新要求

(1)教师需要详细了解每位学生的个人特点,学习情况,并在备课时多花一些时间和心思,基于学生实际情况而实施分层教学法。

(2)教师要严谨组织与实施教学,有效调节课堂教学气氛,严格把控学生的学习时间。

(3)教师要在课堂结束前对学生进行客观、准确评价,这就对教师的总结能力提出了一定的要求,教师要指出学生在学习中的普遍性问题,引导他们改正。

3. 培养学生竞争意识

现代社会中竞争无处不在,学校要适当培养学生的竞争意识,使其将来更好地适应充满竞争的社会环境,避免被社会淘汰。在乒乓球教学中运用分层升降教学法,可以培养学生的竞争意识。具体来看,在这一方法中,教师将学生分为不同的层次,不同层次和同一层次的学生之间都存在一定的竞争关系,教师要有意识地培养学生的竞争能力和适应能力。

总之,在乒乓球教学中运用分层升降教学法,可提升乒乓球教学质量,提高学生的个人素质,促进学生成长与成才。

(二)分层升降教学法在乒乓球教学中的运用

具体而言,分层升降教学法在乒乓球教学中的运用和实施过程如下。

1. 客观分层

乒乓球教师应根据学生的乒乓球技术水平进行分层，并向学生说明实施分层升降教学的原因，让学生更好地接受分层升降安排，避免学生出现抵触心理或不良情绪。另外，学生也要明确自己的学习目标，教师应多鼓励和辅导低层次学生，帮助他们掌握乒乓球技术，使其获得成功的体验。

需要注意的是，在乒乓球教学中运用分层升降教学法，并不是拆分原教学班，而是从不同学生的实际情况出发采用不同的教学方式和考核方式来进行教学，从而激发学生的进取心与竞争意识，使学生向更高层次而努力。

2. 制定不同层次的教学目标

分层升降教学法有非常明显的优势，不同层次学生的乒乓球技术水平虽然存在差异，但差异不是很大。教师可以针对不同层次的学生制定相应的教学目标，但要保证不同层次的学生经过努力后可以达到相应层次的目标，否则升降教学的功能无法体现。例如，A 组学生技术水平较高，在教学中，教师要通过竞赛、专项训练等方式为学生提供更多的时间和机会来使其锻炼乒乓球技能，从而使学生获得更高水平的提升。针对 B 组学生的教学应以基本技术为主，先让学生掌握乒乓球单个技术，再传授专项知识。

学生熟练掌握某一技术后，可以将这种效果扩展到其他技术的学习中，从而掌握更多的技术，这就显示出了升降作用，也提升了学生的技术水平。

3. 设计教学组织形式

在分层升降教学中，教师多采用小组合作形式来组织教学，教师划分学习小组，技术水平是否相似是主要划分依据，水平相似的学生在同质学习小组，教师确定这一小组的学习内容和目标。教师也会将不同技术水平的学生一同安排到异质学习小组，让基础好、水平高的积极分子带动学习积极性不够、水平不高的学生，帮助他们提高学习兴趣和学习能力，提高技术水平，这也能够对学生的团结协作能力进行培养。

4. 不同层次之间相互交流

在实施分层升降教学时，不要将学生永久定格在同一层次中，教师需要适当调整学生的层次，这是为了提升学生的自信心和学习积极性，突出升降效果。调整层次后，教师依然要区别对待，因材施教，加强与学生之间的互动，并鼓励不同层次之间的相互交流，主要是鼓励高层次的学生帮助低层次的学生，促进低层次学生进步，从而实现共同进步，提高教学质量。

四、知情交融教学法

在教学实践中，不管采用哪种教学方法，都是为了取得良好的教学效果，实现教学目标；如果效果不好，预期目标没达成，则表明所采用的教学方法不合适或者教学方法的作用没有充分发挥出来。在乒乓球教学中采用知情交融教学方法，是为了让学生更好地学习和掌握乒乓球技术，知情交融教学与其他教学方法的区别在于其更加关注教学过程，不是为了达到教学目标而不在乎过程。在实施知情交融教学策略的过程中，还要密切关注师生之间的相处状态，观察教师对该方法的实施是否合理，学生对这种教学方法是否适应，只有不断观察，不断调整，才能在教学实践中真正实施好这个教学方法，发挥该方法的作用，实现更好的教学效果，达到预期的教学目标。

要在乒乓球教学中很好地实施和应用知情交融方法，充分发挥这一方法的作用，需要做到以下几点。

（1）关注学生的心理特点。

（2）尊重课程的客观规律。在不同的课程教学中需采取不同的知情交融教学策略，因此对学生的感知思维方式、情绪体验内容等提出的要求也有一些差异。在乒乓球教学中，必须牢牢掌握乒乓球课程的教学规律，不能太主观，否则就是对教学工作不负责任。

（3）灵活使用各种教学方法。在实施该方法时，要充分考虑实际需要，不能简单模仿，不能死板教条地只看教材，而要区别对待，因人而异，因材施教。教师要用相对辩证的方式给学生传授科学知识，使学生在获取知识的同时积极思考。教师不能一味让学生积累学习的知识量，而应让学生掌握正确的学习方法和学习技巧。知情交融教学方法要求教师从教学内容出发灵活教学，使学生充分掌握知识与技能。

在乒乓球教学中，学生的学习方法与教师的教学方法同等重要，教师要采用科学的教学方法引导学生从被动学习转变为主动掌握和探索，这体现了学生学习方法的根本性转变。在教学中，教师还要培养学生的社会化精神，提高其社会适应性，使其在掌握多种学习方法的基础上更好地认识社会，适应社会。

（4）重视师生交流，营造知情交融的良好教学氛围。师生间的沟通与交流是实现知情交融教学目标的关键，合理的沟通与互动可形成知情交融的教学氛围，使课堂氛围更加融洽。而好的课堂教学环境又会给学生带来温馨舒适的感

觉，使师生关系更稳固和谐，这有助于调动学生的学习积极性，促进知情交融教学目标的实现，形成良性循环。

在乒乓球教学中要营造良好的知情交融教学氛围，需要教师充分发挥主导作用，深刻理解教材中的知情因素，保障教材的实施效果。同时教师还要加强与学生的沟通，建立顺畅的沟通与互动机制，了解学生对教材内容的理解与掌握能力，从而更有针对性地组织教学工作。

五、微格教学方法及应用

微格教学是一种规模小的微型教学方法，采用信息技术手段来探究与记录知识，强调通过重复训练来掌握知识与技能。微格教学方法的应用价值及重要作用体现在以下几个方面。

第一，采用智能化教学手段提高学习效率。

第二，具有示范性的微格教学适用于技能训练，而且反馈及时，有助于提高技能质量。

第三，促进师生互动，建立新型师生关系。

下面分析微格教学在高校乒乓球运动技能教学中的具体应用策略。

（一）运用微格教学指导学生乒乓球动作技能学练

一般的乒乓球教学模式，乒乓球教师采用传统教学方式来传授乒乓球理论知识，指导乒乓球技能练习，在教学与训练中使学生掌握乒乓球技战术，从而达到运动参与领域和运动技能领域的教学目标。而将微格教学运用到乒乓球教学中，采用信息化教学手段来细分教学内容，直观指导少数学生训练，并及时发现学生不规范或错误动作，立即纠正，这个过程中学生学练情况和重要信息的反馈是实时性的。例如，教师用摄像机录制教学内容，引导学生观看录制视频，指明哪些是观察和学习的要点，哪些信息是不相关的，以提高学习效率。

微格教学方法的实施中对技术信息资源的利用恰到好处，大大提高了示范教学的效果，改善了教师对学生技能教学指导的效果，扩大了教学内容范围，将抽象、复杂的教学内容转换为容易被学生理解和掌握的具体的简单的内容，使学生在迅速领会重要信息后进行实践练习操作，提高了学生的反应能力和学习能力。

（二）运用微格教学促进学生乒乓球动作技能的正迁移

学生在学习新动作技能时，之前已掌握的基础知识和动作技能在此时发挥了重要作用，使学生能够快速掌握新的动作技能，这便是动作技能的正迁移；如果之前积累的知识与掌握的技能制约了对新技能的学习，那么就是动作技能的负迁移。迁移是学习过程中很普遍的现象，要想让正迁移现象发生在学生学习乒乓球运动技能的过程中，就要求乒乓球教师善于采用恰当的教学方式，合理安排教学顺序，关注不同教学内容之间的内在联系。微格教学正是这样一种能够使学生在动作技能学习中发生正迁移的教学方法。

在乒乓球微格教学中，教师可引导学生参与微格教案的设计与编写，指导学生客观评价自己的学习情况，促进学生思维能力的提升，同时使学生对乒乓球运动不同动作技能间的内在联系形成正确的认识；善于总结各项技能的关系，从而在学习新技能的过程中将已掌握的技能的正迁移作用充分发挥出来，将已有的理论知识应用到实践中指导技能学习，从而提高动作技能的学习与训练效果。

（三）运用微格教学全面提升教学效果

利用微格教学方法指导乒乓球运动技能训练，有助于实现理论知识向实际操作的转化，实现抽象向具体的转化，促进教与学形成有机整体，推动师生进步与发展。既使教师的引导作用得到强化，也使学生的训练质量得到提升，从而既提高了教的效果，也提升了学的效果，全面提升了乒乓球教学的整体效果。

在乒乓球运动技能教学中运用微格教学法，对教师的教学技能提出了较高的要求，也强调了对学生学习主体地位的尊重。教师要让学生认识到学习动作技能及相关理论知识的重要意义，并能在微格教学中自主分解知识，在实践操作中将理论知识（包括抽象和具体的知识）融入其中，实现理论与实践的有机结合，达到预期的教学目标。

（四）运用微格教学调动学生学习主动性

将微格教学运用到乒乓球动作技能教学中，要求乒乓球教师对问题情境进行设计，引导学生从不同思维角度思考问题，引发学生对新教学内容与已掌握知识在认知上的思考，促使其产生将已有认知结构的形成过程进一步完善的想法，将其学习积极性激发出来，以实现教学目标。创设问题情境能够给乒乓球

课堂教学带来疑问和悬念，使学生带着好奇心去积极探索问题的答案，学生在动作技能训练中思考问题、分析问题、解决问题的整个过程可借助多媒体教具记录下来，然后引导学生通过观看录像找出自己在练习中有哪些不足的地方，在接下来的练习中有针对性地解决自己的问题，完善自己的动作技能，提高自己的动作质量与训练水平，使乒乓球运动技能教学更加规范，达到预期的运动技能目标。

六、微课教学方法及应用

微课是以教学目标和教学要求为依据，以视频为载体对课堂教学中的全部活动（教师的教学活动、学生的学习活动以及师生互动活动）进行记录的教学方法。微课教学法具有教学时间短、教学内容精简、注重师生互动等特征。微课教学方法的应用价值及重要作用体现在以下几个方面。

第一，促进学生学习效率的提升。

第二，改革传统教学模式中落后之处，提高教学模式的应用价值。

第三，对零碎的教学时间加以整合，提高课堂时间的效用效率。

第四，尊重学生的主体性，提高教学的针对性。

第五，及时帮助学生纠正错误动作，规范动作。

下面具体分析微课教学方法在高校乒乓球课程教学中的应用策略。

（一）重视微课教学平台的建立

不同高校的教学条件有差异，在教学硬件与教学软件方面都有充分的体现，各高校在建立微课教学平台时，要选择符合本校教学条件的多媒体手段，微课教学既要体现出现代性、有效性，也要讲求经济便捷性。一般来说，在班级大家庭中建立微信群能够便捷快速地构建微课教学平台，教师将微课教学视频分享到班级群中，学生借助多媒体手段自主学习。在微课教学平台的构建中，要根据实际情况来投入相应的硬件和软件装备，由专业人员负责管理这些教学设施，每次使用前做好调试工作，并加强维护，提高利用率，延长其使用寿命。

（二）科学进行乒乓球微课设计

高校乒乓球教师进行乒乓球微课设计一定要科学，乒乓球微课设计的科学性主要体现在完整、系统、规范三个方面。

1. 完整设计

在高校乒乓球微课设计中，要以学生为主体确定方案，制作教学目标明确、内容完整、重点清晰、难点突出、能够充分调动学生学习积极性的微课视频。[1] 微课设计的完整性主要体现在组织结构的完整性、技术内容的完整性两个方面，其中技术完整性教学是分解教学的升华，有的技术适合直接采用完整教学法，有的技术适合先采用分解教学法，但最后一定要过渡到完整教学上。

2. 系统设计

设计乒乓球微课，要树立现代化的教学理念，以学生体质健康、终身体育锻炼为目的而对教学内容进行系统性梳理，由点到面、由零散到整体，精心进行系统化的微课教学设计。

3. 规范设计

微课乒乓球课程结构精练，内容单纯。微课设计看似简单，实则非常专业。在设计过程中，乒乓球教师一定要确保方案中的每个元素，如文字、图片、视频、动画等都准确无误，符合教学内容，如果内容不规范，会给乒乓球微课教学质量带来不好的影响。因此，规范化进行乒乓球微课设计是非常重要的。

（三）注重对微课视频教程的拍摄及运用

微课是高校乒乓球教师进行教学的一个现代化方式，除了对微课的直接运用外，教师也可以对自己的教学过程进行拍摄，制作微课教学视频，将自己的教学经验和技巧分享给其他教师，同时主动向其他教师学习经验，借鉴其他优秀教师的教学案例来组织教学，在教学资源与经验的交流中达到更好的教学效果。

教师拍摄自己的教学视频并计划将此作为教学案例分享给其他师生时，要特别重视教学的专业性、规范性与准确性，如用专业术语讲解，示范优美准确，指导学生时认真耐心，让学生将自己的学习成果展示出来，以体现良好的教学效果。如果条件允许，可以邀请专业乒乓球教练员或运动员从专业的视角拍摄视频，以提高拍摄质量。微课视频的分享为高校教学资源最大程度的共享提供了可能。为了使微课视频的应用价值得到进一步提高与充分发挥，高校可以举办校际教学研讨会或分享会，优秀乒乓球教师汇聚一堂共同进行专业教学的研讨，以制作出更精彩、专业、高质的乒乓球微课教学视频。

---

[1]　龚涛.微课在高校乒乓球课教学中的运用刍议［J］.才智，2020（20）：132-133.

（四）在微课教学中把握教学难点

乒乓球运动中有些技术相对复杂一些，对大学生来说学习起来难度较大，而将教学难点作为微课教学的主要内容，可以通过视频回放使大学生能观察到高难技术的动作细节，使其逐步掌握复杂技术，提高乒乓球运动水平。在乒乓球微课教学中，教师可以实现对教学难点的准确把握，使学生按照视频内容与提示一遍遍演练，直到实现视频中呈现出来的动作质量。在学生对照视频演练的同时，乒乓球教师还要继续深化理论讲解，使学生在理解的基础上掌握乒乓球技术，达到较好的练习效果。在微课教学中，还可以组织学生自由讨论，发表关于微课教学的看法，从而为完善微课教学提供思路，使微课教学真正服务于广大学生群体。

（五）在微课教学中增加互动

在乒乓球微课教学中，为了提高学生的注意力，使其将注意力全部放到课堂中来，教师要主动与学生互动，调动课堂氛围，将学生的学习积极性和热情也调动起来，使所有学生都真正参与到信息化教学中。在微课教学中增加互动的方式，可在线上回答学生的问题，回复学生的评论，与学生在线沟通学习技巧，利用互联网平台使学生充分发表自己的观点，陈述自己的问题；耐心帮助学生解决问题，尊重学生的个性，同时引导学生之间的互动，提高学习的趣味，充分贯彻寓教于乐的教学原则。

（六）加强传统教学与微课教学的有机结合，构建一体化教学模式

在信息化技术背景下，微课教学作为现代化教学方式在高校乒乓球教学中得到了有效的运用，但要注意的是，乒乓球教学中要紧紧结合教学实际来展开教学工作，不能脱离实际情况，而且教师要把自己的教授活动与学生的学习活动紧紧联系起来，而不是只给学生呈现视频案例就可以了。另外，在运用现代化教学方式的同时不能忽视对传统教学方式的有选择性地继续运用，传承下来的传统教学方法也有其可取之处，所以要取其精华，将其与现代教学方式结合起来使用，实现传统与现代教学方式的有机互补。

乒乓球运动教学对大学生的运动感知能力提出了较高的要求，因此在设计微课并运用这一现代化教学方式时，要加强线上教学与线下教学的有机结合，线上给学生呈现生动精彩的教学视频与真实案例，使学生了解乒乓球理论与技战术，并认真观察细节动作和难度动作；线下，学生要不断练习来达到视频中

要求的标准，并将所学理论与技战术运用到实践中，以实现理论的升华与技战术水平的提升。

分层教学、情境教学等是常见的线下教学方式，这些教学方式都适合与微课线上教学方式结合起来运用，这样既能提高学生对微课教学的兴趣，也能提高学生线下练习的积极性。因此，在高校乒乓球教学中，充分发挥线上线下教学方法的优势，构建线上线下相结合的乒乓球教学新模式具有重要意义。

第四节　高校乒乓球课程教学方法优化的策略

一、高校乒乓球课程教学方法优化模式

高校乒乓球课程教学中既可以应用体育教学的一般方法，也可以从乒乓球运动特点出发设计专门的教学方法，不管是一般体育教学法，还是乒乓球专项教学法，每种方法都有自己的优势，也有自己的不足，在教学实际中往往会用到多种不同的教学方法，而将不同的方法组合在一起运用便会产生不同的教学效果。为了提高与优化高校乒乓球课程教学效果，乒乓球教师要善于从教学目标、教学条件、具体需要出发，并重视对不同教学方法的有机整合与优化组合，具体可参考图 4-20 所示的各种教学方法功能与特点分析。

二、高校乒乓球课程教学方法优化建议与对策

（一）促进教学手段的科学化

高校乒乓球课程教学中，乒乓球教师要明确教学目标。依据教学目标科学选用适宜的教学方法及手段。乒乓球教学作为体育教学内容之一，其实践性很强，一些传统教学方法存在理论与实践不符且二者差距明显的缺陷，再加上在教学方法的实施中，大多教师采用比较单一的教学手段，导致教学效率低下，教学质量下滑。针对这个问题，乒乓球教师要根据学校条件来创造丰富的教学手段，教学方法的运用要体现出多样化，以提升学生对乒乓球课的兴趣。同时，有必要将多媒体教学手段引进乒乓球课堂教学中，借助多媒体手段使学生充分理解乒乓球技术原理，在教学视频的慢放与回放中使学生掌握动作细节，全面掌握乒乓球技术的每个环节，提高学生学习的稳定性与专业性。

各种教学方法功能、特点分析

各教学阶段任务、特点　　　　教学人群特点分析

认知阶段　联结阶段　自动化阶段　　生理特点　心理特点

教学方法的选择与组合　　教学练习方法　技术教学方法　理论教学方法

分析原因　　理论教学

技术教学

发现问题　　学生练习

下一单元教学

方案效果评价

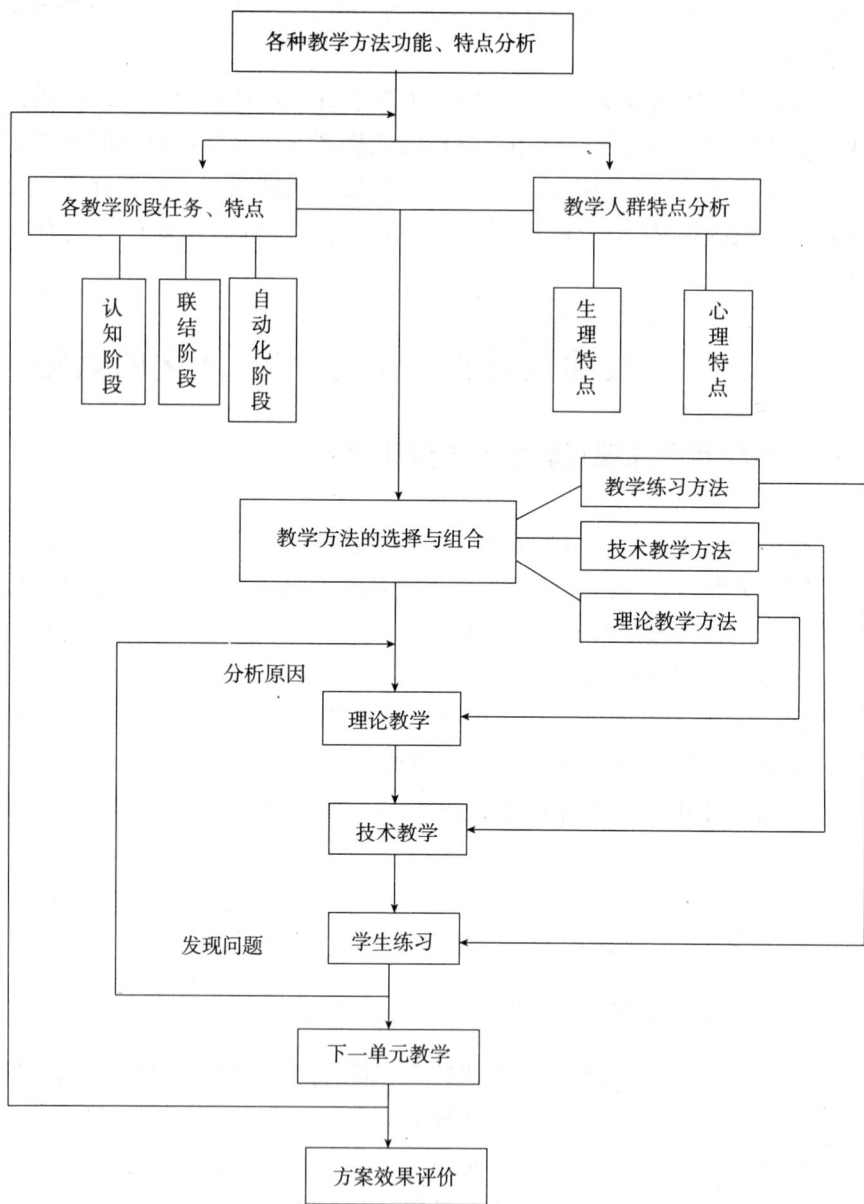

图 4-20　各种教学方法功能与特点分析①

此外，因为乒乓球教学的技巧性也比较突出，而且一些动作完成起来有些

---

①　张建龙，王炜．体育教学方法优化组合的依据、原则与程序［J］．新西部（下半月），2009（05）．

难度，因此要求乒乓球教师能够适当简化教学方法，使简化后的教学方法更符合学生的认知能力，传授的内容更易被学生掌握与运用。

总之，传统单一的教学手段严重影响了乒乓球教学效果，要重视丰富生动的多媒体手段并把它们运用到课堂中，发挥多媒体教学手段的特色与优势，以培养学生的学习兴趣，提高学生的学习质量。

（二）寓教于乐

乒乓球技术内容丰富，而且随着技术的不断更新，技术的多样性、先进性越来越突出，此外，乒乓球还具有娱乐性，是大学生愉悦身心、休闲放松的活动项目，这就要求教师在高校乒乓球教学中采取一些活泼有趣的教学方法来营造活跃的课堂氛围，贯彻寓教于乐的教学原则，以吸引学生的关注，激发学生的好奇心与积极性，使学生在轻松欢快的课堂氛围中锻炼身体、放松心情、掌握技能、提高思维能力。

秉承寓教于乐的思想与原则实施乒乓球教学方法，但不能刻意弱化技术教学难度，或者直接不教有难度的技术，这些都是不负责任的表现，不能为了娱乐而娱乐，寓教于乐最终也是要服务于教学效果和教学目标的。因此，乒乓球教师要善于开发与设计一些娱乐性的教学方式，如游戏教学法、比赛教学法等，在能够引起学生兴趣的氛围中激发其主观能动性，使其通过参与乒乓球游戏与比赛而掌握乒乓球技战术，形成良好的竞争与合作意识，而且也能在娱乐化的教学中塑造学生的体育道德并培养其体育精神。

（三）注重对教学内容的分解及对教学方案的提炼

在高校乒乓球课程教学中，乒乓球技术是主要的教学内容，培养大学生的乒乓球技术能力是主要的教学目标之一，是运动技能领域教学目标的重要体现。为了达到这一目标，乒乓球教师要将不同难度的乒乓球技术进行分类，然后根据各类技术内容的特征与真实难度来制定相应的教学方案，使大学生逐步掌握由低到高的不同难度的乒乓球技术，在各个阶段的学习中以相应的教学方案为指导，有方向有目的地学习。此外，分解教学内容还要注意对难度技术的分解教学，简化难度技术动作，以便于学生掌握。

不同大学生的认知能力、思维能力、身体活动能力以及乒乓球运动基础都是有一定差异的，因此高校乒乓球教师要准备不同的教学方案，针对不同水平的学生制定不同的方案，不管是教学目标还是教学方案，都要体现出层次，以科学指导不同水平不同层次学生的学习，使所有学生都能在自己所在水平的基

础上有所进步，上升到更高的层次与水平。

第五节　高校乒乓球运动教学模式的创新

在高校乒乓球教学中，学生的水平参差不齐，采用同一种教学模式实施教学，会导致部分学生不适应，因此需改革传统单一的教学模式，构建多元化的教学模式。多元化教学模式的改革与创新主要是对各种教学模式的优化整合，这在教学实践中的应用较为灵活，能够实现不同层次的教学目标，而且更加适合现代高校乒乓球课程教学。

一、常见的高校乒乓球运动教学模式

（一）运动技能传授模式

运动技能传授模式是指乒乓球教师在运动技能教育观的指导下，从运动技能形成规律出发来设计乒乓球教学程序的教学模式。

在高校乒乓球教学中实施运动技能传授模式，操作程序和步骤如图4-21所示。

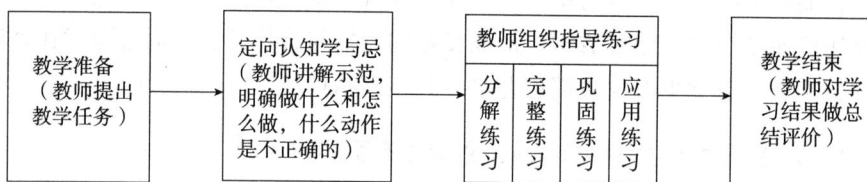

图4-21　运动技能传授模式

运动技能传授模式作为一种传统体育教学模式，在新课改中也得到了一定的改革，并在原来模式结构的基础上衍生出一些新的教学模式，如"师生合作式""教师辅助式"等模式，将这些教学模式运用到乒乓球教学中，具体操作程序如图4-22和图4-23所示。

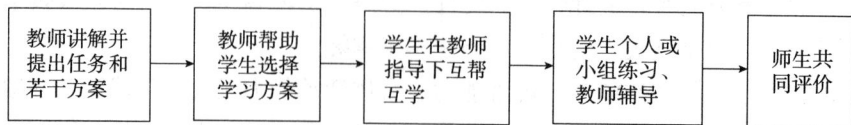

图4-22　师生合作式模式

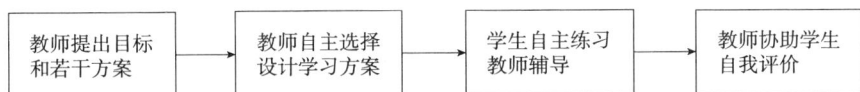

图 4-23　教师辅助式模式

（二）发展学生主动性的教学模式

发展学生主动性的教学模式指的是在乒乓球教学中，教师创造有利条件使学生这一课堂主体的自主性与能动性得到充分发挥，提高学生学习积极性的教学模式。

在高校乒乓球教学中实施发展学生主动性的教学模式，具体流程如图 4-24 所示。

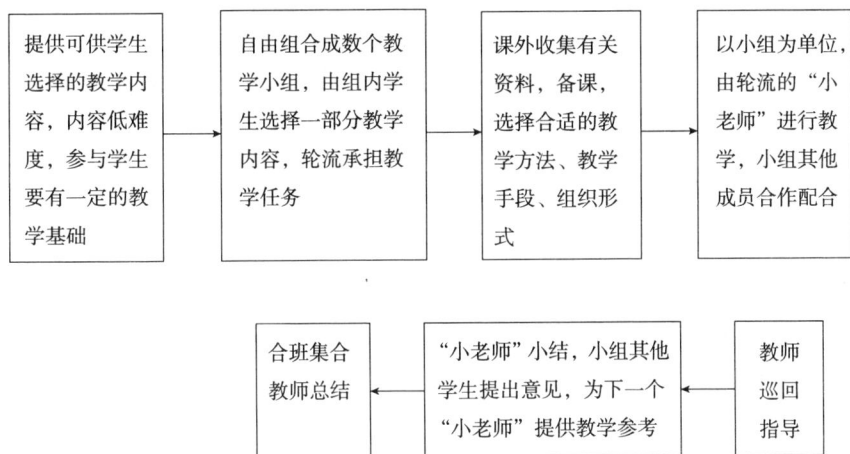

图 4-24　发展学生主动性的教学模式

（三）快乐教学模式

快乐教学模式指的是乒乓球教师在教学中以运动为基本手段，采用恰当合理的教学方法培养学生的体能和技能素质，使学生在学习中产生愉快体验的教学模式。

在高校乒乓球教学中实施快乐教学模式的具体流程和步骤如图 4-25 所示。

例如，在乒乓球教学中，为锻炼学生的手臂力量、移动速度和灵敏性，教师组织"鱼跃前滚翻"的游戏，实施流程如图 4-26 所示。

```
┌─────────────┐   ┌─────────────┐   ┌─────────────┐   ┌─────────────┐
│结合具体内容，│ → │让学生挑战新技│ → │学生结合教学活│ → │竞赛、评比    │
│进行低要求的游│   │术（低难度教学│   │动，自定目标，│   │             │
│戏，享受乐趣  │   │活动）        │   │以创造活动乐趣│   │             │
└─────────────┘   └─────────────┘   └─────────────┘   └─────────────┘
```

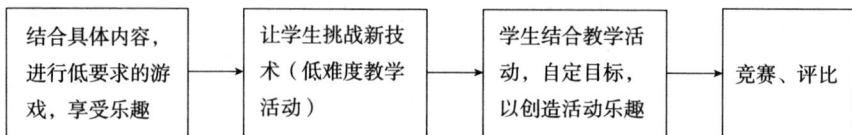

图 4-25　快乐教学模式

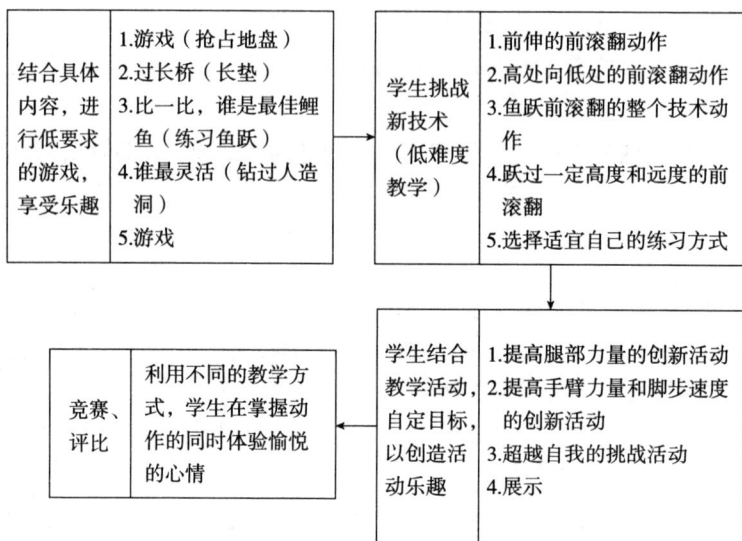

```
┌──────┬──────────────┐      ┌──────┬──────────────────┐
│结合具体│1.游戏（抢占地盘）│      │学生挑战│1.前伸的前滚翻动作  │
│内容，进│2.过长桥（长垫）  │      │新技术  │2.高处向低处的前滚翻 │
│行低要求│3.比一比，谁是最佳鲤│ →    │（低难度│  动作            │
│的游戏，│  鱼（练习鱼跃）  │      │教学）  │3.鱼跃前滚翻的整个技术│
│享受乐趣│4.谁最灵活（钻过人造│      │        │  动作            │
│        │  洞）          │      │        │4.跃过一定高度和远度的前│
│        │5.游戏          │      │        │  滚翻            │
│        │                │      │        │5.选择适宜自己的练习方式│
└──────┴──────────────┘      └──────┴──────────────────┘
                                          │
                                          ↓
┌──────┬──────────────┐      ┌──────┬──────────────────┐
│竞赛、 │利用不同的教学方 │      │学生结合│1.提高腿部力量的创新活动│
│评比    │式，学生在掌握动 │ ←    │教学活动│2.提高手臂力量和脚步速度│
│        │作的同时体验愉悦 │      │，自定目│  的创新活动        │
│        │的心情          │      │标，以创│3.超越自我的挑战活动  │
│        │                │      │造活动乐│4.展示            │
│        │                │      │趣      │                  │
└──────┴──────────────┘      └──────┴──────────────────┘
```

图 4-26　鱼跃前滚翻游戏流程

（四）启发式教学模式

启发式教学模式指的是乒乓球教师围绕学生主体展开教学，以学生的积极性为基础，鼓励学生独立思考与自主探究问题，使其从中掌握相关知识，并得出相应结论的教学模式。

将启发式教学模式运用到高校乒乓球教学中的具体操作方法如图 4-27 所示。

```
┌────┐  ┌────┐  ┌────┐  ┌────┐  ┌────┐  ┌────┐  ┌────┐
│设置 │→ │结合 │→ │进行 │→ │寻找解│→ │验证假│→ │进行正│→ │结束 │
│教学 │  │教学 │  │初步 │  │决问题│  │说，得│  │常的运│  │单元 │
│情境 │  │情景 │  │的尝试│  │的方案│  │出答案│  │动技术│  │教学 │
│    │  │提出 │  │性    │  │    │  │    │  │教学 │  │    │
│    │  │问题 │  │练习 │  │    │  │    │  │    │  │    │
└────┘  └────┘  └────┘  └────┘  └────┘  └────┘  └────┘
```

图 4-27　启发式教学模式

（五）小群体教学模式

小群体教学模式是指乒乓球教师按某些共性和特殊性的联系将学生分成若干学习小群体，使学生在学习过程中"互动、互助、互争"，从而掌握知识，发展技能，陶冶情操，树立集体主义观念的教学模式。

在高校乒乓球教学中运用小群体教学模式的具体操作程序如图4-28所示。

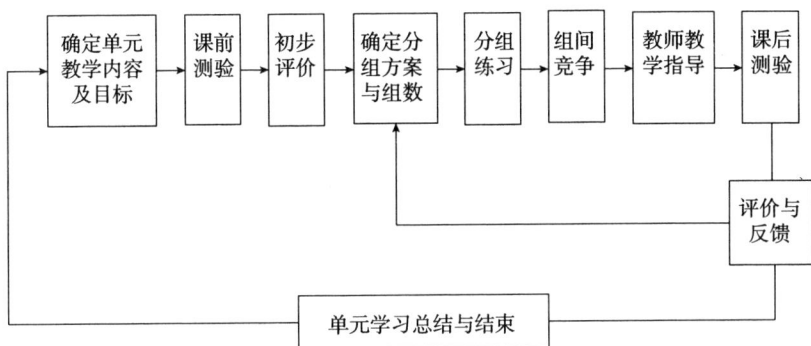

图4-28　小群体教学模式

（六）领会式教学模式

领会式教学模式指的是在场地设施条件准备充分的条件下，让学生学习与体会乒乓球技术，调动学生学习的积极性，提高学生的学习效果，为学生养成终身体育锻炼习惯奠定基础的教学模式。

将领会式教学模式运用到高校乒乓球教学中的具体实施步骤如图4-29所示。

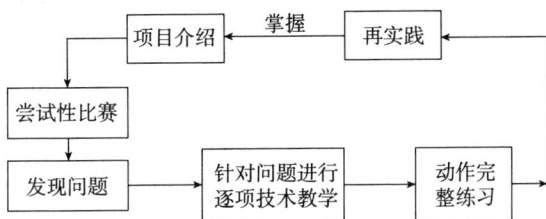

图4-29　领会式教学模式

二、乒乓球运动教学模式的创新思路

乒乓球教学模式是乒乓球教学的重要组成部分，对这一要素进行改革与创新，对提高乒乓球教学质量具有重要作用。目前，随着我国基础教育课程、体育教学改革的不断深化，传统教学模式的改革也越来越深入，有关人员不断探索与试行新的体育教学模式，以适应新时代发展的要求。对乒乓球教学模式进行改革与创新的思路如下。

（一）在教学目标方面勇于突破传统的思维束缚

在乒乓球教学中，只有明确教学目标，才能明确努力的方向。传统教学目标不符合现代素质教育的要求，传统乒乓球教学理念一直没有更新，所以培养的人才也不符合社会的真实需要。所以，在乒乓球教学中首先必须优化更新教学目标，明确素质教育目标，以便在教学过程中更好地把握重点教学内容和技术。

第一，乒乓球教师要了解传统教学目标存在哪些弊端，了解这些弊端对实施素质教育的阻碍，然后在教学过程中摒弃传统落后的思想理念，勇于突破和创新，创建轻松、快乐的教学环境与氛围，使学生轻松愉快地投入到学习中。

第二，在乒乓球教学中要引入一些现代化的，具有健身性、娱乐性的元素，选择对当代学生发展有积极影响的教学模式，然后因材施教，促进学生个性发展。

（二）在教学内容方面注重课程结构的优化

我国体育教学计划具有统一性，各校基本都是按统一的教学计划制定教学目标的，所以教学目标基本相同，进而导致体育教学内容千篇一律，缺乏特色与新鲜之处，这样的问题自然也出现在乒乓球这一体育运动项目的教学中。乒乓球教学内容单调乏味，缺乏创造性，不够新颖，学生的学习兴趣下降，而且也不利于培养学生的创新精神。

要想真正实现乒乓球教学模式的改革和创新，就要不断调整与优化乒乓球课程的内容和结构，根据素质教育的要求不断创新，增强学生体质，培养学生的综合素质，实现学生全面发展的教学目标。

（三）在师资方面注重提升教师的素质水平

在乒乓球教学过程中，教师的综合素质和业务水平直接影响甚至直接决定教学质量，因此在乒乓球教学模式的改革和创新中，要培养乒乓球教师的业务素质，提高其素质水平。在建设乒乓球师资队伍的同时，要努力培养教师的专业素养与创新能力，并将具有创新意识和掌握个性化教学方式的教师引进师资队伍中，优化师资队伍结构，提升教学水平。

学校要积极鼓励乒乓球教师进修和再教育，并为其提供支持，使教师全面掌握教育、训练、管理等相关知识，提高知识文化水平和实践能力。另外，还要鼓励乒乓球教师参加相关科研项目，培养其科研精神和创新能力，使其在教师岗位上更好地发挥作用，培养优秀的人才。

三、多种创新教学模式在高校乒乓球教学中的应用

（一）"双养"模式

"双养"模式是以我国"全面实施素质教育，培养创造人才"为指导思想的，在教学过程中将培养学生的科学素养和人文素养统一起来的新兴教学模式。近年来，教育界十分重视"双养"模式在教学中的应用，该模式在乒乓球教学改革中具有良好的借鉴作用。

乒乓球教学能够促进学生身心健康水平的提升、体育意识的增强、体育能力的提高和良好体育锻炼习惯的形成，能够培养全面发展的满足社会需要的新型人才，也能够促进体育教学的进一步发展，推动素质教育和全民健身在教育领域的落实。从乒乓球教学的重要性以及乒乓球运动在我国的发展现状来看，将"双养"模式运用到乒乓球教学中是可行的，而且对乒乓球教学具有重要意义。

1. "双养"模式对高校乒乓球教学的意义

（1）为普及乒乓球运动奠定基础。高校开设乒乓球课程，组织乒乓球教学与训练，一方面是为了增强学生的体质与提高他们的乒乓球技能；另一方面是为了在大学生群体中推广与普及乒乓球运动。在乒乓球教学中落实"双养"模式，培养大学生的科学素养和人文素养，有助于更好地普及这项运动。

（2）扩展学生的知识面。高校在开设乒乓球课程教学的同时，也要组织丰富多彩的乒乓球课外活动，并将此作为乒乓球课堂教学的延伸和补

充，与课堂教学相辅相成，促进学生乒乓球技术水平的提高和知识面的不断扩展。

（3）培养学生的终身体育意识。高校在对外开放乒乓球场馆和设施的同时，可以适当收费，解决乒乓球教学经费问题，从资金上保障乒乓球教学的发展。同时，将科学素养与人文素养融入乒乓球教学中，可以吸引广大学生参加这项运动，提高学生锻炼的主动性和自觉性，从而有利于培养学生的终身体育观念。

2. "双养"模式在乒乓球教学中的实施过程

在乒乓球教学中实施"双养"模式，具体要通过以下三个阶段来组织完整的教学活动。

（1）发现阶段。包括以下两个环节。

①提出问题。提出问题环节具体按以下步骤实施：身心准备、必要演示、导入新课、出示目标、设疑。

热身活动在课的开始就要进行，教师要严格监督，然后按上述步骤一一展开教学。

②分析问题。每个学生都有自己的想法，教师要鼓励学生大胆提出自己的想法，尊重学生的想法，然后让学生进行自主分析评价，培养学生的思维能力。教师还可以从教学内容和学生的实际情况出发让学生扮演主角。这一环节既注重对学生科学素养的培养，包括科学知识、方法、态度和精神，又关注对学生人文素养的培养，包括人文知识、人文精神和社会能力。

例如，在正手击球教学中，让学生自由讨论，使其对轴动的含义、方法有深刻的体会，让学生亲自练习，使其对准确的动作和击球的瞬间速度有切身的感受。

（2）合作阶段。合作阶段包括以下三个环节。

①独立学习。学生独立学习乒乓球技术会经过独立思考、模仿、反馈、不断练习等几个学习步骤。

②师生对话。乒乓球教学中，师生要靠"对话"来进行沟通，这并非是指言语的应答，而是强调师生之间应"敞开""倾听""接纳""共享"，从而实现"精神互通"，这是一种全方位的沟通方式。这要求师生在教学中凭借各自的经验，用独特的表现方式，如思想碰撞、合作探讨、意见交换等，实现知识的共享与全面发展。

③小组学习。利用教学中的集体因素，让小组成员之间相互讨论，互帮互

学，从而促进学生学习积极性与质量的提高，同时培养学生的社会性。一般在单元教学的开始对学生进行分组，明确各组的学习目标，使各组成员团结一致，凝聚一心，共同朝目标方向努力。在每个教学单元的前半部分，小组学习主要应发挥教师的指导性，在后半部分，小组学习主要强调发挥学生的主体性，此时教师起参谋作用。而且在单元教学的前半部分，小组学习以学习活动为主；在后半部分，小组学习主要是相互交流与练习。在单元教学结束时，各小组总结，或组织小组间比赛。

（3）反思提升与多元评价阶段。该阶段包括以下三个环节。

①创设情境、巩固提高。学生基本掌握乒乓球技术后，教师对班级表演、比赛等与教学内容相关的特定情境进行创设，以促进学生技术技能的巩固与提高。

②诊断性评价。教师进行诊断性评价的同时也要鼓励学生自评和学生互评。

③单元形成性测验。在单元教学结束后组织测验，了解学生的掌握情况，为后面的教学安排提供参考。

以上三个阶段是实施"双养"教学模式的完整过程，这些工作对乒乓球教师的专业素质提出了较高的要求，教师不仅要对体育教学方法、教学技能加以掌握，还要不断提高综合素质，对教材的科学知识进行精益求精的探讨、对教材的人文教育意义进行深层次的挖掘。

（二）俱乐部教学模式

俱乐部教学模式的特征是，学生可以自主选择学习与练习时间，比传统教学更灵活，也更自由。

1. 乒乓球俱乐部教学的实施步骤

在乒乓球教学中实施俱乐部教学模式，要从以下几方面着手。

首先，树立正确的主导观念，确定教学方案。

其次，在具体教学中贯彻因材施教的教学原则，准确了解学生的身体素质、运动水平，然后划分层次，制定不同层次的教学目标，安排相应的教学内容。同时采用符合不同层次学生实际情况的教学方法，合理安排运动负荷，避免学生发生损伤而影响持续学习与锻炼。

最后，组织乒乓球比赛，培养学生的实战能力，巩固与提高学生的乒乓球技术水平，并通过观察学生在比赛中的表现了解其短板和问题，及时指导与纠正。

2. 乒乓球俱乐部教学的质量考查

在乒乓球教学评价中，不仅要看学生的乒乓球技术水平，还要引导学生的参与度、进步程度等作为考核指标。在学期教学结束时，组织期末考试，将考试成绩记录在学生档案中，学生档案中还应记录学生的身体素质、上课次数、学习态度、进步情况、比赛情况等信息，综合比较这些数据的变化，然后做出评价。

在乒乓球俱乐部层次教学中应明确制定层次升降等级标准，通过考核来激发学生学习的热情，并使学生充分认识自己的优缺点，发挥优势，及时改正缺点，补齐短板，不断进步。

（三）其他新模式

1. "掌握学习"教学模式

"掌握学习"教学模式是指乒乓球教师在课堂上给学生提供充足的学习时间，使学生自主掌握学习内容的教学模式。

在乒乓球教学中实施"掌握学习"教学模式时，乒乓球教师应依据不同阶段的教学目标划分教学内容，然后根据学生的实际情况由简到繁，由易到难，循序渐进地逐一实施各个单元的教学内容，每结束一个单元的教学，做形成性评价，了解每个学生的掌握情况，及时发现与解决学生在学习中普遍存在的问题，实施完所有单元的教学内容后，最后进行终结性评价，整体了解学生的学习掌握情况，促进学生进步与提高。

"掌握学习"教学模式的结构如图 4-30 所示。

在乒乓球教学中要运用"掌握学习"教学模式，为提高运用效果，可参看图 4-31 所示的教学程序。

2. 成功式教学模式

成功式教学模式指的是乒乓球教师引导学生制定符合自己特点和实际情况的乒乓球学习目标，然后鼓励学生努力，指导学生学习和练习，从而使其顺利完成目标，体验成功的喜悦感，提高自信，进而向更高层次的目标努力的教学模式。

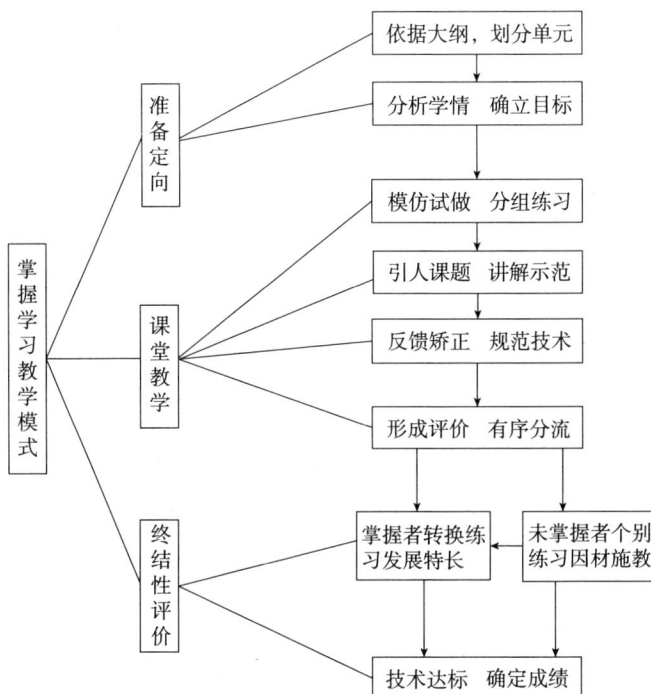

图 4-30 "掌握学习"教学模式

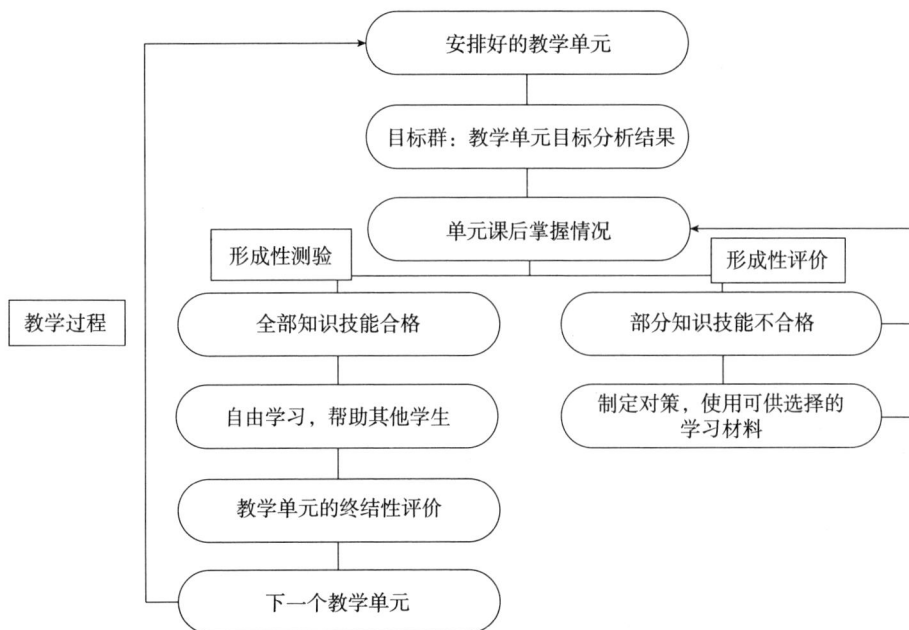

图 4-31 "掌握学习"教学模式的教学程序

成功式教学模式在培养学生自信心方面发挥着非常重要的作用，将其运用到乒乓球教学中，可参考图4-32所示的教学程序。

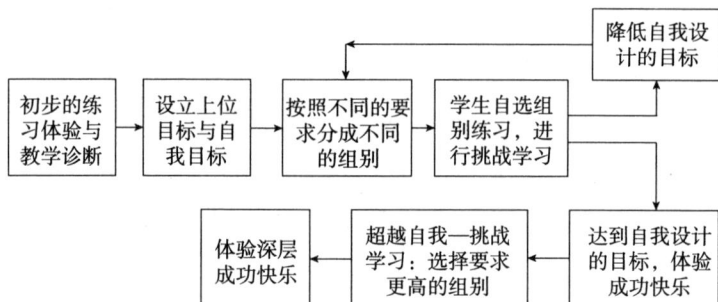

图4-32　成功式教学模式的教学程序

3. 案例学习教学模式

案例学习教学模式指的是乒乓球教师选择与实施典型的乒乓球教学内容和教学方式，使学生从个别到一般，全面掌握具有规律性的乒乓球知识与技能，从而培养学生自主学习能力和探索能力的教学模式。

图4-33所示的是在战术教学中运用案例学习教学模式的操作程序，在乒乓球战术教学中可参考这一程序，具体要根据实际教学情况而适当调整某个环节。

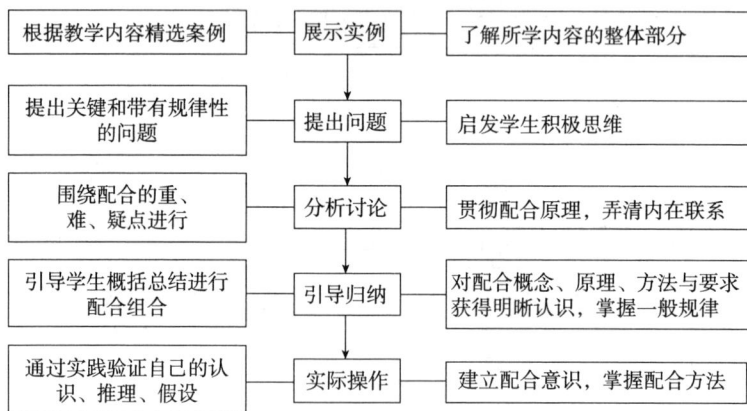

图4-33　案例学习教学模式

4. 运动教育模式

运动教育模式的基本特征如图4-34所示。

在乒乓球教学中采用运动教育模式能够进一步明确与强调学生的主体地位、提升学生的运动参与意识、改善学生的学习态度以及提高学生的学

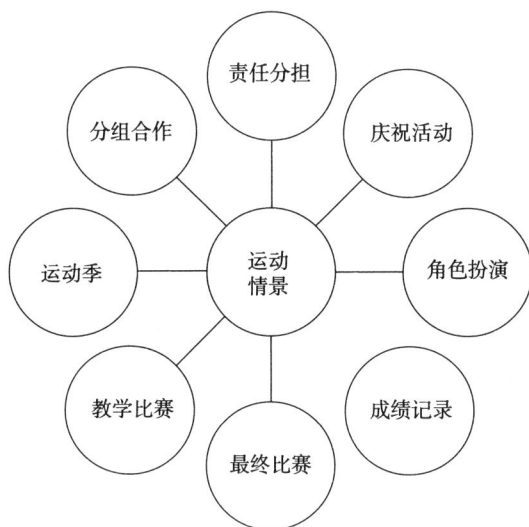

图 4-34 运动教育模式

习兴趣，从而更好地培养学生的乒乓球战术意识、比赛能力以及社会适应能力。

在乒乓球教学中应用运动教育模式的具体流程如图 4-35 所示。

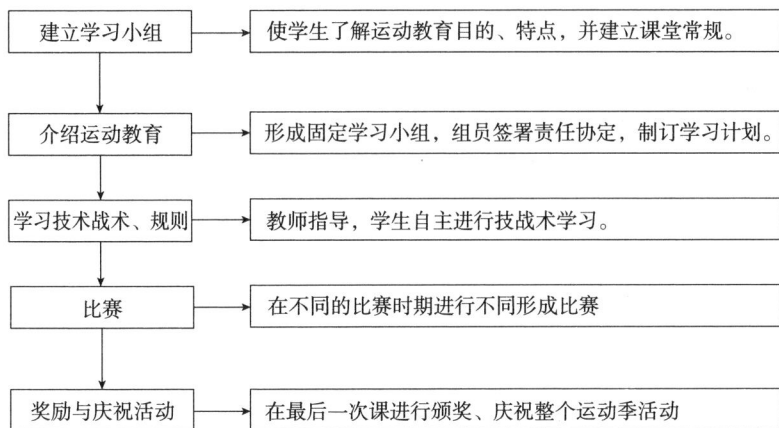

图 4-35 运动教育模式的具体流程

传统教学模式要求按一般的教学单元来组织教学过程，而运动教育模式则要求分季前期、季中期和决赛期三个阶段实施教学，"运动季"教学代替了传统的单元教学形式。这三个阶段的教学工作安排具体如图 4-36 所示。

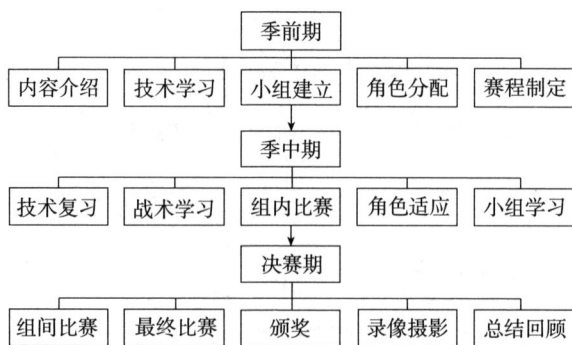

图 4 - 36   "运动季"教学模式的工作安排

第五章
高校乒乓球课程组织与评价的优化

高校乒乓球课程的顺利开展与建设，不仅涉及多元的理论基础、教学理论、教学内容资源、教学方法，还涉及教学的组织与评价，这也是高校乒乓球课程教学的重要组成部分，是不可或缺的。从某种意义上来说，教学组织与评价的状况也会影响到高校乒乓球课程教学的总体情况，因此，优化高校乒乓球课程教学组织与评价就显得尤为重要。本章主要对高校乒乓球课程教学的组织方法、教学评价手段、教师教学与学生学习的评价方法，以及优化高校乒乓球课程教学评价的策略进行分析和阐述。

第一节　高校乒乓球课程教学组织方法

一、高校乒乓球课程教学组织方法的重要性

在高校乒乓球课程教学活动中，体育教师与学生为实现体育教学目标采用的各种结合方式，就是所谓的教学组织方法。

在高校乒乓球课程教学活动中，教学组织方法有着显著的特点：第一，教师和学生都按照相应的教学程序从事教学活动，集体上课或小组学习；第二，教师和学生的活动都会受到相应的时间限制；第三，教师和学生在乒乓球课程教学活动中结成一定的"搭配"关系，他们之间会直接或间接地相互作用。

教学组织方法在高校乒乓球课程教学中的重要性，主要体现在以下几个方面。

（一）是体育教学目标和教学内容得以实现的保证

对于高校乒乓球课程教学来说，其教学目标的达成、教学过程的实现、教

学原则的体现、教学方法的运用等，最终都要综合、集结、具体落实到一定的教学组织方法上去，要以各种各样的结构方式组织起来开展活动，并表现为一定的时间序列，发挥其集合作用。

可以说，教学组织方法是高校乒乓球课程教学的具体落脚点，带有综合、集结的性质。教学组织方法的科学、合理与否，会在高校乒乓球课程教学活动的开展和效果上有直接的体现。

（二）有助于使大部分学生的学习质量有所提升

高校乒乓球课程教学组织方法，能够将教学中教师的教和学生的学有机联系起来，教学组织方法的研究内容也较为广泛，主要涉及三个方面：一是如何将教师和学生组织起来；二是教学场地时间和空间的安排及其科学分配；三是教学的内容、规律、原则、方法如何更好地组织起来并发挥作用。

对高校乒乓球课程教学组织方法进行研究具有非常重要的现实意义，主要表现为：合理地确定高校乒乓球课程教学中教师与学生的人员组合，科学地安排教学活动的组织顺序，可以充分利用有限的场地、器材、设备，尤其在物质条件不充足的条件下，更要周密安排，从而将高校乒乓球课程教学系统的功能充分发挥出来，提高学生的学习质量。

（三）有助于学生的个性、情感的培养与发展

从某种意义上说，高校乒乓球课程教学组织方法，能够将学校中师生之间以及学生相互之间的交往方式反映出来。这种方式对学生的个性、情感和学习态度等会产生重要的影响。如在班级授课氛围中，有助于培养学生良好的人际关系，形成健全的个性品质。采用合理的教学组织方法，对于高校乒乓球课程教学活动的多样化是有利的，同时，还能为解决因材施教的问题提供便利，促使学生的兴趣、能力、特长、个性得到更好的发展。

二、高校乒乓球课程教学组织方法的主要类型

在高校乒乓球课程教学活动中，教师与学生之间、学生之间的交流所用到的组织方法有很多种，其在课内教学和课外教学中都会涉及。高校乒乓球课程教学组织方法的类型有很多种，下面对这些组织方法进行详细阐述。

（一）班级教学

班级教学，也被称为全班教学，是目前我国普遍采用的一种教学形式。具体来说，班级教学的教学组织方法，就是通过教师讲授、示范、演示等方法向一个班集体传递教学信息。全校把学生按年龄、学业水平编成班级，使每一个班有固定的学生和课程、统一的教学内容和进度，全班学生按照固定的教学时间表接受同一位教师的指导。

通常，班级教学的组织方法可以分为行政班（当前校乒乓球课程班级教学用到的主要形式）、男女分班或合班、按兴趣爱好分班、小班化教学等几种形式。

（二）分组教学

图 5-1 显示了目前流行的一个分组教学体系。

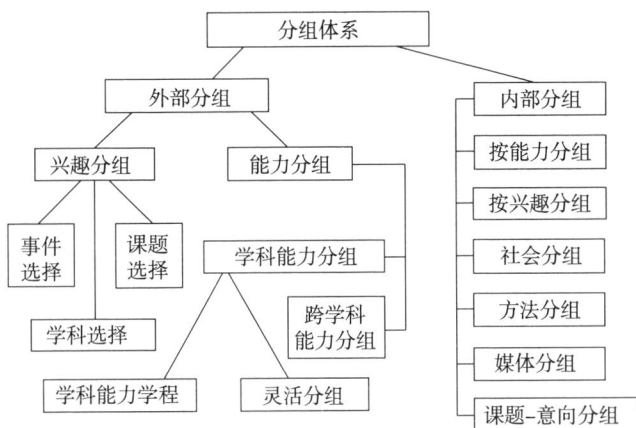

图 5-1　分组教学体系

教师在高校乒乓球课程组织教学中经常会采用分组教学。目前，在体育教学改革中，亟须解决的问题，就是如何合理进行分组，使课堂教学生动活泼，充满竞争和欢笑，并能充分发挥学生的主体作用，激发学生学习潜能，摆脱过去那种生硬呆板的分组，以及简单而笼统的分组轮换所带来的沉不够活跃的课堂氛围。

分组教学将追求高效益，优化课堂教学结构作为主要目标。因而，这就要求分组教学必须从教材内容、场地器材等客观条件出发，尤其要根据学生的实际情况来进行分组，过多或者过于频繁的分组轮换对高校乒乓球课程教学反而

会产生不利的影响，要加以注意。

另外，分组教学并不是固定死板的，要保证其灵活性。在明确教师主导地位的前提下，分组教学要充分体现出学生的主体性，使学生在分组形式方面有较大的选择自主权。

乒乓球分组教学的组织方法又可以分为随机分组、同质分组、异质分组、合作型分组、帮教型分组、友伴型分组等形式。

（三）个别教学

个别教学，通常就是指体育教师因人而异地对学生的学习进行指导。个别教学在高校乒乓球课程教学中有所应用，但是，也不是所有的情况都是适用这一教学方法的，这主要是其自身的优缺点决定的。

优点：体育教师参照每个学生的特点来进行区别指导。每个学生可根据自己的实际情况掌握自身对乒乓球的学习进度。程度各异的学生都能够按自己的能力选择相应的学习内容，让每个学生都能最大限度地获得学习效益，同时，这一组织方法对于体能较差的学生来说是非常友好的。总的来说，有利于因材施教，是个别教学的最大优点。

缺点：一个体育教师所面对的学生太少，很不经济，而学生只限于和体育教师单一的交往，没有与同伴竞争与合作的机会，长期采用这一教学组织方法，不利于学生的身心发展。此外，如果学生缺乏应有的自觉性，也会对正常的乒乓球课程教学进度造成一定影响。

（四）复式教学

复式教学是班级教学、小组教学和个别教学相结合形成的一种变式，一般在我国农村的学校体育教学中采用，由于同一年龄、学习水平和身体发展相近的学生人数较少，教师人数有限，因而采取将两个或两个以上年级的学生共同组成一个班级，由一位教师进行教学。[①] 尽管复式教学要兼顾几个年级，教学管理困难，但对于培养和锻炼学生自我锻炼、自我控制、自我管理等能力是非常有利的。只要正确地加以组织，合理编班，注意培训，发挥小组长的作用，用复式教学所取得的教学效果也是会比较理想的。

---

① 佟晓东，刘轶．体育教学设计与实践［M］．沈阳：东北大学出版社，2009.

三、高校乒乓球课程教学组织方法的科学选择

前面对高校乒乓球课程教学组织方法的几种类型和具体形式进行了详细的分析，从中可以得知，不同教学组织方法的特点是不同的，适用的范围也不同，因此，为了保证教学效果，需要对这些教学组织方法进行选择并加以应用，具体来说，要遵循以下几个选择原则。

（一）灵活性

高校乒乓球课程教学的模式并不是固定不变的，要以高校乒乓球课程的教学内容、任务与要求、人数、性别等情况为依据，灵活运用各种教学组织方法，把课上得有声有色。

（二）合理性

高校乒乓球课程教学中，学生只有经过反复的身体练习，才能建立动力定型，掌握运动技能，这是其主要特点。为增加学生的练习时间和次数，教师必须了解乒乓球运动场地器材的实际情况。以教材的多少为依据选择最合适的教学组织方法，使教材的利用率达到最佳。另外还要注意，乒乓球场地布置要合理，器材的摆放位置、距离要在不相互影响练习的前提下尽量靠近，从而使队伍的调动有所减少。

（三）针对性

高校乒乓球课程教学中使用的器材并不是一成不变的，对场地器材要求也各不相同；学段不同，年龄、生理特点的不同，对组织工作的要求也不同。因此，在选择高校乒乓球课程教学组织方法时，要以不同学段、不同性别、不同年龄的对象为依据进行有针对性的选择，做到因材施教。

（四）严密性

通常，高校乒乓球课程教学都会采用班集体授课制度。由于目前我国大部分教学班级学生人数偏多，所以教学组织必须严密、有序、有条不紊。严密的教学组织也能有效避免或减少伤害事故的发生。

第二节　常见的高校乒乓球课程教学评价手段

一、高校乒乓球课程教学评价的传统手段

高校乒乓球课程教学评价可以采用的手段有很多，其中，运用较为广泛的传统评价手段有观察法、问卷法以及测验法这几种，每一种评价手段的特点和适用情况都是各不相同的，因此，在选择和应用时要有针对性。

（一）观察法

观察法，是一种以观察为主要手段的方法，但是，其中加入了评价者的目的性和计划性，其主要目的在于对评价资料的搜集。

在高校乒乓球课堂教学评价中，观察法有着非常显著的作用和价值。主要表现为：能有效获取信息，能有效搜集学生教师个体心理活动状态资料。

除此之外，相较于其他评价方法，观察法的优势还在于，其在学生运动素质评价及教师教学评价中能够直接观察搜集资料，因此，评价者对于评价行为的重视程度是非常高的。

（二）问卷法

问卷法，就是以书面的形式来将被调查者的相关意见反映出来的方法。这一评价手段在高校乒乓球课程教学评价的应用是比较广泛的。问卷法的诸多鲜明特点是其他方法所不能比拟的，主要体现在三个方面：参加人员具有隐蔽性；问卷发放具有取样的广泛性；时间范围具有可调节性。这也是问卷法成为高校乒乓球课程教学评价重要手段之一的主要原因。

（三）测验法

测验法，就是通过考试、技评和达标等形式，搜集学生的体育学习反应、学习行为的综合结果的重要手段。可以说，测验法是获取体育教学信息的工具与途径，其具有显著的组织性、计划性、针对性、定量化特点。

1. 乒乓球理论知识的测验

高校乒乓球课程教学涉及的理论知识有很多，比如，乒乓球的基本知识、运动技术原理、基本技术、竞赛规则、卫生保健知识等。要对乒乓球相关的理论知识进行测验，需要把握住其重点。一般来说，常用的测验方式主要为笔试、试卷或口试等。

2. 身体素质测验

在高校乒乓球课程教学过程中进行身体素质的测验，意义重大，主要表现为：通过测验，对学生的身体素质状况有一定的了解，然后将这些信息反馈于高校乒乓球课程教学，从而为乒乓球课程教学的改进提供科学的依据。通常，客观测验是主要形式。

3. 运动技术的测验

学生进行高校乒乓球课程教学活动的学习，就要熟练掌握乒乓球相关技能，然后在此基础上进行乒乓球专项运动，从而将其机能水平和运动水平有效地展示出来。一般来说，测评运动技术的类型有两种：一种是以测量中获取的客观数据为准的客观测验；另一种则是对技术动作质量的技术评定。

4. 体育情感行为测验

情感行为包含着非常广泛的内容，其中，人的兴趣、动机、情趣、态度、价值观，以及个性和群体行为特征等都是属于情感行为的范畴。人的情感行为会对高校乒乓球课程教学产生一定的影响，而乒乓球教学活动也会对人的情感行为产生一定的影响。

二、高校乒乓球课程教学评价的新兴手段

由于传统的教学评价工具大家比较熟悉，下面将重点介绍与新的评价理念相适应的几种评价工具和方法。

(一) 档案袋评价

档案袋中包含的学习材料是非常丰富的，比如，可以是录像带，可以是文章、图画、获奖证书等。典型档案袋的基本结构为观察的信息资料群、作业实绩的标本群、考试信息群。

通常，典型的档案袋中会有三个记录观察信息的文件：观察记录手册、调查表、师生交谈记录。

(二) 研讨式评定

这种问题研讨需要一个巧妙的问题设计，一套配套的评价准则和评判规则。需要强调的是，该评定方法对教师有着非常高的要求。

目前，这种评价方式在评定学业成绩时是较为适用的，其还处于引进摸索阶段，在学生能力发展的评定方面的作用和借鉴意义还是比较显著的。

（三）学生表现展示型评定

表现展示评定通过学生实际演示某些结果，说明其是有价值的，并由此来对学生已经掌握了这些结果加以证明。展示的内容通常是没有特殊要求的。

这一评价方式的主要特点为，是从关注结果开始的，这就要求学生在学习之初就要将自己的学习任务明确下来。这种评价手段为掌握学生的专项能力和进步情况打出了一条通道。

（四）概念地图评价

概念地图，实际上是思维可视化的绝佳认知工具和评价工具。对于学生来说，通过这一评价手段，能够沿着空间或时间纬度创建概念地图，以此来对概念间的关系加以识别、澄清和标识。

将这一评价手段应用于高校乒乓球课程教学实践中，教师可以和学生在进行"头脑风暴"的基础上共同"织"就概念地图。这一显示主题和有关子主题的"网"在学习活动的进行和评价方面意义重大，对于学生以具体和有意义的方式表达概念有积极帮助，能够对思维外化和学习反思起到积极的促进作用。除此之外，教师还可以对比学生所绘制的概念地图与理想的概念地图，从中将学生理解上的问题发现出来，同时，对学生的学习风格和思维习惯也会有所了解。

第三节　乒乓球教师教学与学生学习的评价方法

一、乒乓球教师教学评价方法

（一）对乒乓球教师专业素质的评价

1. 政治素质评价

政治素质主要包含思想道德修养、工作态度、教书育人、遵纪守法、参与民主管理、为人师表、良好的文明行为习惯等，这是所有的教师都必须具备的基本素质，也是教师素质评价的重要内容之一。

2. 知识结构素质评价

对于乒乓球教师来说，知识结构素质通常包含乒乓球方面的专业知识、相关学科的基本常识、教育规律与学生身心发展的规律等。其会直接影响到高校乒乓球课程教学的质量。

3. 能力结构素质评价

乒乓球教师的能力素质包含的内容较为广泛，其中较为主要的有完成乒乓球教学工作的能力、独立进行乒乓球教学活动的能力、正常教学所需的表达能力、教育与管理学生的能力、开发和运用乒乓球相关资源的能力、在发展乒乓球教学方面的创新能力等。

4. 身心素质评价

乒乓球教师在身体和心理方面的素质也要过硬。这是其从事乒乓球教学活动的基础和根本。一般来说，乒乓球教师身心素质评价涉及以下两个方面。

（1）乒乓球教师的身体素质包括：教师的运动能力，教师在乒乓球专项技术领域的能力。

（2）乒乓球教师的心理素质。评价主要涉及教师是否具有敏锐、细致的观察力，是否具有敏捷、缜密的思维，是否具有丰富的情感等。

5. 自身发展素质评价

乒乓球教师自身发展素质的评价主要涉及接受新理论、新技术和新方法的能力，善于不断地学习和进步的能力，教学发展的潜能，自觉寻求发展的能力，自学提高的能力，以及教学研究与教学改革的能力。

（二）学生对乒乓球教师课堂教学的评价

在高校乒乓球课程教学中，学生是乒乓球教师的直接教授对象，其对教师乒乓球课堂教学的评价具有重要的参考价值。

对乒乓球教师课堂教学的评价内容主要涉及教育教学思想，贯彻乒乓球课程标准，教学内容、教学方法与教学手段，教学技能以及教学效果等方面。学生对教师乒乓球课堂教学的评价具有显著的全面性和可靠性特点。

除此之外，学生点评在高校乒乓球课程教学过程中也是非常有效的评价方法，其能够使学生参与到教师的乒乓球课堂教学的评价中。可以说，这是学生过程性评价的重要体现。

（三）领导对乒乓球教师课堂教学的评价

学校领导对乒乓球教师课堂教学的评价的权威性是非常高的，评价结果将会直接影响到被评价的乒乓球教师的地位和声誉，可以将其理解为是一种实质性的评价，必须严肃认真地对待。

需要强调的是，领导通常不是乒乓球专业出身的专业体育教师，在一些教学的具体细节方面，领导是不够了解的。因此，这种方法具有一定的限制性，通常需用与同行评价、教师的自我评价和学生评价结合起来加以应用。

二、乒乓球学生学习评价

（一）学生学习行为的评价

在高校乒乓球课程教学中，对学生学习行为的评价主要涉及对学生课上学习行为和对学生课外学习行为这两个方面的评价，具体在实际应用时，要将两者结合起来进行。

1. 对学生课上学习行为的评价

对学生课上学习行为的评价主要涉及学生对听讲、示范的态度，身体练习的投入程度，练习所达到的效果，是否努力实现自我超越等动态行为，以及对乒乓球的认识、乒乓球技战术知识与运用能力、乒乓球技能水平与运用情况、科学训练的方法、有关乒乓球知识的掌握与运用、乒乓球学习过程中的情意表现与合作精神等。

2. 对学生课外学习行为的评价

对学生课外学习行为的评价主要涉及学生是否能够运用所学的乒乓球知识与乒乓球技能来进行自觉的运动训练等。在高校乒乓球课程教学中评价学生的学习成绩，采用的是绝对标准与相对标准相结合的评价方法，而在对学生的乒乓球运动技能进行评定时，采用的是定量评定与定性评定相结合的方法；除此之外，还有等级评定、评语式评定等评价方式。在评定学生的乒乓球学习成绩时，在重视乒乓球教师参与的同时，还应重视学生的自我评价和相互评价。了解这些信息，对于改进学生的学习行为、进一步提高高校乒乓球课程教学的质量和效果都是有所帮助的。

（二）学生学习质量的评价

学习质量，是评价学生乒乓球学习情况的一个重要方面。对学生学习质量进行评价时，所选择的评价方法必须是科学的、合理的、实践性强的。通常情况下，定量评价与定性评价相结合的方法是最为常用的。但是，对学生学习质量具体情况的评价，会根据具体情况选用不同的评价方法。

1. 知识技能的评价

高校学生乒乓球知识技能的评价内容涉及对乒乓球的认识、乒乓球的重要性及价值；掌握乒乓球的相关知识并运用于实践的情况；能掌握乒乓球课学习目标要求的运动技能与运用于实践的情况。这方面评价所用到的评价方法通常为定量评价法

2. 身体素质的评价

高校乒乓球课程教学中，对学生身体素质的评价是一个非常重要的评价内容。学生身体素质的评价在对学生学习质量评价中是非常重要的，在对学生身体素质进行评价时，一定要对学生学习成绩与身体健康之间的关系高度重视。对学生身体素质进行评价主要用到定量评价法。

3. 学习态度的评价

学生对待乒乓球课程学习的态度应是对乒乓球课程学习成绩进行评价的重要内容。一般来说。对学生乒乓球学习态度的评价要用到定性评价法。

除此之外，对学生情意表现与合作精神进行评价主要会用到定性评价法。

（三）教师对学生学习过程的评价

教师对学生学习过程的评价，是高校乒乓球课程教学评价中所用到的较为传统的评价方式。过程性评价也被称为形成性评价，日常教学中由师生共同参与和实施的评价手段，其首要目的在于促进学生的学习，核心在于通过不同的手段与形式的反馈，为师生提供具体的参考。

1. 形成性评价的作用

形成性评价集合了过程性评价、真实性评价、过程性评价为一体，因此其对大学教学有着广泛的意义，具体而言总结为如下几点。

（1）改进学生的学习。形成性评价可以将教材中的缺陷以及学生学习中的困难展现出来。当教师发现某一问题对于大多数学生都存在困难时，这时教师可以在课堂上统一进行讲解，从而便于学生构建知识网络。需要指出的是，教师尽量使用不同的教学方式展开讲解。当只有某个学生对某一问题或具体动作存在误解，这时教师可以采用适合他的方式进行单独讲解与指正，这样便于该名同学的理解与把握。

（2）强化学生的学习。形成性评价有助于强化学生的学习，尤其是对即将完成本单元学习或者已经完成本单元学习的学生来说强化作用更为明显。学生通过正面的肯定，激发他们的学习欲望、学习情感与认知水平，调动他们的积极性。

要想发挥出形成性评价的最优强化作用，一个关键的层面在于不要仅依靠打分来划分等次，而应该采用恰当手段让学生知道他们是否对某一知识点或者某一动作技巧等有所掌握。另外，教师要多使用鼓励性的语言，让学生保持自信心，从而愿意投入到接下来的学习之中。

（3）为学生的学习定步。形成性评价可以为学生的学习定步。学习并不是一蹴而就的，是一个循序渐进的过程，学生对前面一个动作要领的掌握情况可以为下一个动作要领的学习奠定基础。形成性评价可以帮助教师确定学生是否掌握了前面的动作要领或者方式方法，并根据他们的掌握情况为新的技能技巧或者理论知识的教学设置恰当的任务与教学速度。如果教师能够有计划地进行形成性评价，那么就可以让学生逐步掌握既定的教学内容。

要想使形成性评价能够为学生的学习定步，一个关键的步骤就是教师要对课程进行系统的分析，对构成各个单元的学习任务展开合理划定，这样才能帮助教师制订出符合教学单元的计划。

（4）为教师提供反馈。形成性评价可以为教师提供一定的反馈。

教师通过分析评价结果，可以查看自己之前的教学目的是否明确、教学内容与脉络是否清晰、语言结构与功能任务是否有效完成、教学手段是否恰当等。基于这些信息，教师可以不断改进自己的教学方式，对教学内容进行重新或者完善的设计。

（5）记录学生的成长。无论学生学习什么内容，都期待自己可以获得进步。同样，在形成性评价中，教师需要根据学生平时的表现来进行评价，无论是每一堂课的表现还是每一个动作的表现，教师应该将这些表现记录下来，从而构建一个成长记录袋或者电子档案，这不仅可以为之后的评价提供依据，还可以为终结性评价提供参考。

2. 形成性评价的方式

当前的大学课程教学主要以终结性评价为主，而为了保证与当前社会发展相适应，还需要实行形成性评价，这样才能使教学的属性完整地体现出来。具体来说，教学评价应该采用一些创新的方法。

（1）学习档案评价法。学习档案评价法是当前应用较为广泛的评价方法。所谓学习档案评价法，是指对学生个体的各种信息进行收集。

一般来说，其收集的内容具有多样性与动态性。

学习档案积累的材料代表的不仅仅是结果，而是学习过程与学习活动，其包含选择学习内容、比较学习过程、进行目标设置等。学习档案评价可以有效地提高学生的自主学习能力，下面从内容、流程等层面进行分析。

学习档案包含的内容如下。

①自主设置目标。自主设置目标可以引导学生更为积极主动。目标是由学生自己设置的，这对于他们开展自主学习非常有利。

目标设置是否具体，会对学生的学习动机产生影响。根据研究发现，设置近期学习目标的学生要比设置远期学习目标的学生的自主学习动机更为强烈。这是因为，近期的学习目标一旦设定，会更加明显地体现为学生某些层面的进步，为学生下一步的学习指明具体的方向，同时也更容易让学生根据目标，检测自己的学习活动与学习过程。当然，设置的近期目标也不能太低，否则会影响学生的进步。

②自我评价报告。在进行自我评价的过程中，学生可以评价自己某一方面的表现或者某一项任务的表现。教师在学生自我评价的过程中，可以为其提供些评价标准。学生参与各项语言任务评价的过程也是一个学习的过程，学生可以参考一定的评价标准，对自己的语言任务与具体表现展开评价，然后通过反思，提升自身的语言技能。

③学习相关因素自我评价。自我评价除了对学习过程中知识技能掌握情况进行评价，还可以对学习过程中的情感因素展开评价，如学习态度、学习动机、学习风格等。这些方面的自我评价可以采取问卷形式。在教师的指导下，学生填写相应的问卷调查，积极主动地了解自身学习过程中的相关因素，对自己的学习策略展开调整，从而提升自身的学习动机与学习意识。

（2）行为表现评价法。所谓行为表现评价法，即教师通过对学生在某项活动中的表现，对他们的行为进行的评价。从学生的行为来评价，有助于教师和学生发现自身的优缺点，从而制订出符合学生的学习计划。教学评价对行为表现评价法非常看重，并将其作为评价的一个重要手段。

一般来说，行为表现评价法具有如下特点：要求学生对学习成效加以展示，对演示过程的细节提前进行展示，对演示的过程进行直接的观察，根据标准对行为展开评价。

由于评价需要依据一定的标准，因此在制定行为表现评价法的标准时，需要从学生的实际情况出发，标准不高不低；目标要细化、具体，便于学生明确；标准具有诊断性的特征，便于学生明确自身的优缺点；标准要具有连续性的特征。

制定了评价标准之后，学生的学习行为便有了方向。接着教师就需要进行评价，具体可以采用如下几种方法。

方法一：观察

在行为表现评价法中，观察法是主要的手段，教师根据教学目标，对学生的课堂表现进行观察，从而做出判断，并做出有深度的、细致的分析。有时候，会运用录音、录像等手段，便于之后的分析与判断。

一般来说，教师进行观察时需要注意如下几点。

其一，观察学生是否向目标迈进。

其二，观察学生是否获得预期发展。

其三，发现学生学习中遇到的问题，并制订计划进行辅助。

其四，观察学生是否体会到学习的乐趣。

其五，观察学生是否重复运用一些学习技巧。

其六，观察标准是否与学生实际相符。

观察的方式有很多，其中日常记录是非常重要的手段，即对学生的学习情况进行记录。

方法二：量表

评价量表是对观察进行记录的工具，其使用往往以表格形式呈现，对教学的某一层面加以描述，或对某一特定行为进行描述，量表的运用有助于教师学生了解自身的优缺点。

过程性评价的评价内容与评价方法见表 5-1。

表 5-1　教师对学生乒乓球学习过程中的评价内容与方法

评价内容	学生的行为态度、掌握的乒乓球知识、行为能力、学习目标、参与程度、拼搏精神和学习效果等
评价方法	表扬、批评、激发、抑制
评价手段	口头指示、眼神、手势、简短评语、技能小测验、问卷等

过程性评价主要依赖于观察的方法，当然，其也能采用小测验、小测试等方法，这对乒乓球知识和运动素质的评价是十分重要的。

(四) 学生自评和互评

学生对学习过程的评价属于自我评价，其具体有自评和互评两种方式。其中，学生自评是指学生对自己的学习态度、乒乓球运动技能、情意表现、运动参与以及合作意识等所进行的综合评价，其具有"自省"的作用，能够有效促进他们自我认识与自我教育的意识和能力提高。通过自我评价，能使学生对个人达到目标的程度有充分的认识，同时，在确定评价标准，判断自己的优势与进步方面也有积极的促进作用。

"学生自我评价"的内容与方法见表 5 - 2。

表 5 - 2　乒乓球学生自我评价的内容与方法

评价内容	学习目标、参与程度、学习效果以及拼搏精神
评价方法	自评、自省、自我暗示、自我反馈
评价手段	目标的回顾、成绩前后对比、学习卡片、行为的回顾

不管是学生自评还是相互评价，都是非常有助于学生的自我反省和客观评价的。

第四节　高校乒乓球课程教学评价优化的策略

目前，高校乒乓球课程教学评价已经普遍实施，但是，目前这一评价体系还不够完善，需要进一步改进和优化。具体来说，可以从以下几个方面着手。

一、做好评价体制改革工作，提高评价的全面性

在传统的乒乓球课程教学模式中，评价是教师的"专利"，学生通常只是被评价的对象，这就将学生的主体性地位忽略了。学生也是有评价的权利的。作为主导者，教师需要对学生的各个方面的学习情况进行充分了解，并进行多种针对性的评价活动，从而将学生学习乒乓球的积极性充分调动起来，顺利实现乒乓球课程教学目标。

随着"水平目标"的设立，教师每个阶段的教学任务也都会有相应的一些变化，鉴于此，高校乒乓球课程教学的内容选择、方式、方法的应用等方面也都会相应地有一些发展和变化，因此，这就要求在高校乒乓球课程教学中设置评价内容时，首先要确定应遵循的各个领域的依据，即身体健康、心理健康、运动技能、运动参与、社会适应这几个方面，从而有效保证高校乒乓球课程教学评价的客观性和科学性。

二、促使评价主体与客体共同得到发展

（一）评价主体的发展

目前，高校乒乓球课程教学评价的主体已经从以往对教师与学生的评价，逐渐演变为对教师、学生、校方和社会团体等的评价，实现了评价的单一性向

多元化的转变。这就要求在进行高校乒乓球课程教学评价时，一定要保持评价主体的多维性，这样才能使高校乒乓球课程教学评价结果全面性和准确性得到保证。

（二）评价客体的发展

进行高校乒乓球课程评价的主要目的就在于通过全面的评价，将教学过程中所存在的问题找出来，并有针对性地提出能够解决问题的指导意见，最终达到提高高校乒乓球课程教学质量的目的。但是，由于学生之间有一定的差异性，这也就决定了被评价的对象之间也有差异性，这种情况就很难通过统一的评价标准来进行衡量。在以往的高校乒乓球课程教学评价过程中，这方面往往是被忽视的。在高校乒乓球课程教学评价过程中，一定要对评价客体的多维性特点加以注意，这样才能充分激发学生学习乒乓球的兴趣。

三、使学生评价标准逐渐趋于多样化和综合化

在高校乒乓球课程教学中，有些学生的先天条件比较好，即使不积极锻炼，也能够在测试中取得理想的成绩，这种现象是较为常见的。但是，对于那些先天条件较差而积极进行乒乓球运动锻炼但成绩不够理想的学生来说，这就会影响他们学习和参与乒乓球运动的积极性和主动性。因此，这就要求一定要通过相应的一些方式和途径来不断丰富和充实以往单一的评价标准，使其逐渐趋于多样化和综合化。在确定高校乒乓球课程的成绩时，也要进行综合的考虑，以课程改革评价精神为依据，对新的多样化和综合化的乒乓球课程教学评价标准进行充分的运用。

四、建立人性化、多元化的教学评价模式

对于传统的体育教学评价来说，其通常采用的都是单一的教学评价模式，主要以上级对下级的主观评价为主，评价方式其主要是结果式和量化式的评价，这类评价方式，很难对评价对象作出真实、科学的评价。这在高校乒乓球课程教学中也经常应用。因此，为了改变这种单一且片面化的教学评价模式，就必须建立一个人性化、多元化的评价模式，这是非常重要且必要的。

五、对各种评价方法进行综合运用

体育教学评价在不断的发展中，逐步改进和完善，这对于高校乒乓球课程教学评价来说也是如此。之前，高校乒乓球课程教学评价通常是较为片面的，往往只评价学生的学习结果，将学生乒乓球运动的最终成绩作为关注的唯一重点，这就忽略了对学生学习过程的评价。这种片面的做法不利于对学生做出客观的评价，因此，在高校乒乓球课程教学过程中还需直接评价学生的"练习过程"。

六、建立健全评价反馈机制和保障机制

一个健全的评价反馈机制对体育教学活动的顺利开展来说可谓意义重大，因此，在高校乒乓球课程教学评价过程中，也需要建立一个健全的评价反馈机制。

从某种意义上来说，评价反馈机制是否健全，会直接影响到该评价系统是否能够得到有效控制。要做到这一点，需要建立多条反馈渠道。

除此之外，高校乒乓球课程教学评价反馈机制监督机构的建立也有着重要意义，因为其主要职能在于有效监督体育教学评价反馈情况，从而使评价反馈机制的有效运行得到保证。

还有，评价的规章制度的主要目的在于对全校师生及相关工作人员在评价中的行为加以约束，因此，对于学校相关部门来说，要采取总结评价经验，深入调查听取广大师生的建议，将相关的切实可行的评价条例规章制度建立起来。另外，加大对规章制度的执行力度也是值得关注的重要方面。

第六章
高校乒乓球体能教学与训练方法

体能训练是乒乓球运动训练的重要内容之一，是乒乓球运动专项技术能力得以发挥的基础。本章对乒乓球运动的体能训练进行研究，从而为运动员正常甚至超常发挥水平奠定理论基础。

第一节 乒乓球运动对体能的要求

乒乓球运动的各种技术，是通过各种不同动作形式表现出来的，只有根据技术动作的不同特点进行有针对性的身体素质训练，才能有效地促进乒乓球技术的快速提高。

1. 速度、灵敏素质反映了乒乓球项目的特点，是乒乓球运动员主要发展的素质。乒乓球运动技术本身要求运动员具有能在最短的时间内完成各种复杂动作的能力，它要求判断快，步法的启动、移动，挥臂击球时的摆速以及动作的变换、交替重复都要快；还要根据来球的各种情况，在不同的位置，用不同的动作尽快地做到能快能慢、能轻能重、能变换落点和方向以及旋转程度等来还击各种来球。不但要求运动员具有较好的速度素质，还必须具有较高的灵敏素质。

2. 要注意发展力量和耐力素质。乒乓球技术的迅速发展所引起的动作结构的变化，表现在击球位置上。要求既能在不同的更大的范围还击各种来球，还能在中近台的位置还击各种来球，因此，动作幅度必然相应增大。以攻削为主打法的运动员也常在离台较远的情况下，以较大的动作幅度和力量才能比较有效地抵消弧圈球的强烈旋转，削出质量较高的球。特别是弧圈球打法的站位对旋转和速度的要求，必须要有很好的力量做基础。

由于各种打法击球范围的扩大，要使打出的球具有一定的质量，仅靠手臂的力量是不够的，还必须充分利用腰腹以及下肢力量的协调配合。注意加强力量练习，这对今后各种打法类型技术的发展和提高都十分有利。

第二节 影响人体体能素质的因素

一、先天因素

先天因素主要指的是遗传因素，它是构成机体潜在特征的要素，在个体的生长发育中起着决定性的作用。遗传因素能够从体型、长相、性格、智商、疾病等各个方面影响到人的生长，因而也是影响人的体能发展的重要因素。以智商为例，曾经有科学家对 245 位被收养者进行长达 7 年的研究，发现一个现象：有些被收养者即使被智商很高的养父母收养，但是其最终的智力水平还是和其亲生父母的智商相近，养父母智商水平对其的影响一般只在 3～4 岁之前有效，之后就是遗传因素在起主导作用。

但是先天因素并不是影响人的发展的决定性因素，遗传在一定程度上会受到环境的影响，遗传变异也是常见的事情。以人的体形为例，在良好的物质环境下生长的子女，其身高一般会超过父母。相应地，如果子女处在恶劣的生长环境之下，父母遗传的各种优质因素也可能无法发挥出来。

因此，尽管先天遗传因素是影响青少年体能发展的重要因素，但只要为其创造一个良好的运动训练环境，后天的影响同样能促进其各项体能素质的良好发展。

二、后天因素

（一）环境因素

1. 自然环境因素

自然环境因素是指自然界中的各种介质，比如空气、水、土壤、阳光等，这些和人类的生产生活息息相关，是人类进行生命活动的物质基础。

自然环境能够从多个方面影响人的生长发展，比如生活在热带的人和生活在寒带的人相比，具有发育时间早、发育速度快、寿命较短等特点。再以儿童为例，春季儿童的发育以身高增长为主，而秋季儿童的体重增长比较快。一般来说，环境优美、气候适宜的自然环境能够从身心两方面利于人的生长发展，使人心情愉悦、内分泌协调、精力充沛。但当外界环境受废气、废水、粉尘、噪声和振动等公害污染，或气候的酷暑严寒、空气湿度、温度、气流、气压的

突变，环境刺激超过机体的适应能力时，机体与外界环境之间的平衡被破坏，人体健康就会受到影响，将会出现病理状态。

2. 社会环境因素

社会环境因素主要包含两个方面的内容，其一为社会组织结构，即家庭、工作单位、医疗保健设施以及其他社会集团；其二为社会意识结构，即政治思想、道德观念、风俗习惯、文化生活以及政策法令等。这些因素都有可能从不同的方面对人的成长或发展产生有益或者有害的影响。

（二）心理因素

心理因素也是影响人的生长发展的重要因素，人的心理可以通过其外在形态以及外在行为表现出来。积极的心理状态会让人精神焕发，行动力增强，对于体能训练具有积极的推动作用；而消极的心理状态会让人精神萎靡，行动力减弱，严重的状况下还有可能发展成各种疾病或者导致人们产生自残、自杀等行为，不利于体能训练的开展。

关于心理健康的评价标准，主要包含以下几个方面的内容：

（1）正确的思维方式。思维方式能够影响到人的心理状态，采用哪种思维方式一般就能形成相应的心理，因此思维方式是心理健康评价的第一指标。

（2）较强的现实适应能力。适应能力包含生理适应能力和心理适应能力两种，生理适应可以在一定理论的指导下达成，但是心理适应目前尚未有较好的解决办法。

（3）健康的人际关系。人际关系也是评价人的心理状态的重要标准之一，拥有健康心理状态的人应该能和别人和睦相处。

（4）正确的自我定位。处于健康的心理状态的人应该能够充分了解自己，知道自己的缺点和长处，正确评价自己，找准自己的定位。

（5）稳定的情绪和心理。情绪起伏变化比较小，很少处于极端的心理状态。

（6）能够适应团体生活。无论是在家庭、班级、训练队还是其他的团体之中，都能很好适应团体的生活。

（7）稳定的社会环境。稳定的社会环境也是形成健康的心理状态的重要因素之一，减少外界的刺激能够使人处于比较稳定、良好的心理状态。

（三）营养因素

营养是人生长发育的基础，是增强体质、提高健康水平的必要条件。人体所必须的营养包括糖类、脂肪、蛋白质、维生素、矿物质和微量元素几大类，必须要保证合理摄入每种营养元素才能促进人的健康发展。

第三节　平衡与稳定训练方法

一、肌肉平衡训练

肌肉平衡训练包括三个维度，分别是上肢与下肢肌肉平衡训练、身体左侧与右侧的肌肉平衡训练以及身体前侧与后侧的肌肉平衡训练。肌肉平衡训练计划包括这三个维度才是完整的全面的训练计划。为提高学生平衡能力、协调能力以及整体运动能力，在肌肉平衡训练中既要进行单关节训练，又要注重多关节训练，兼顾二者还有助于预防运动损伤和提高运动成绩。

下面具体分析单关节肌肉平衡训练方法和多关节肌肉平衡训练方法。

（一）单关节肌肉平衡训练

围绕一个关节周围的肌群集中进行训练就是单关节训练。进行单关节训练主要是为了促进运动员各部位肌肉和不同肌群发展的平衡，同时也是为了提高学生的身体适应能力，使其做好准备接受更大的负荷刺激。在训练中要尽可能全面训练各个肌肉或肌群，尤其是对学习成绩有重要影响的优势肌群，通过训练使优势肌群的功能得到最大程度的发挥。

单关节训练的具体方法如下。

1. 伸腿

训练目的：促进股四头肌的发展。

训练方法：

（1）在腿部伸展机上坐好，根据需要对靠背位置进行调整，调整后要使膝关节中心与器材的旋转轴在同一水平高度。膝关节弯曲使大腿与小腿保持垂直，器材的阻力垫刚好在踝关节上方。

（2）对抗器械阻力尽可能将腿伸直，切记不要过度伸展膝关节，以免受伤。

（3）两腿慢慢放下，还原到准备姿势。

反复练习。

2. 后屈腿

训练目的：促进腘绳肌的发展。

训练方法：

（1）在卧式后屈腿训练器上成俯卧姿势，将阻力垫调整到小腿腓肠肌 1/3 处的位置。准备环节避免过度拉伸膝关节。

（2）屈膝抬脚，使小腿向臀部慢慢靠近。

（3）两腿缓慢还原成准备姿势。

反复练习。

变换练习：尝试将一定重量的物体固定在一侧腿上，按上述方式进行举重物练习，重复练习几次后将重物换到另一条腿上继续练习。

3. 系橡皮筋进行大腿内收与外展练习

训练目的：促进髋部外展肌群和内收肌群的发展，以促进膝关节平衡稳定性的提升。

训练方法：

（1）在某一支撑物上系上橡皮筋，橡皮筋的另一端绑在脚踝上。身体与支撑物相距一臂的距离。

（2）训练外展肌群时，支撑腿维持身体平衡，练习腿外展与身体中线保持一定距离，至少保持 2 秒，然后还原。

（3）训练内收肌群时，支撑腿维持身体平衡，练习腿稍经过身体中线并制动，注意不要转胯，至少保持 2 秒，然后还原。

外展肌群与内收肌群交替训练。

（二）多关节肌肉平衡训练

一些运动项目中包含了大量的综合性动作，因此要根据专项特征进行多关节训练，以提高训练效果。事实上纯粹的单关节动作在体育运动中是很少见的，基本上都是多关节动作，所以要加强多关节训练。多关节训练的特点是比较缓慢，要求练习者有一定的控制力，具备可控条件，这样增加了训练的安全性，可以有效预防学生在练习中受伤。

多关节训练的方法如下。

1. 伸腿

训练目的：促进臀部肌群、小腿肌群、股四头肌的平衡发展。

训练方法：

（1）平躺在腿部伸蹬器上，对座位进行调整，使大小腿保持垂直。双脚保持一定距离。

（2）双脚用力蹬踩踏板，直到两腿完全伸直。两腿膝关节保持一定距离。

（3）缓慢还原。反复练习。

变换练习：

（1）可以进行单腿练习，两腿交替蹬踏板。

（2）将一定重量的实心球放在两腿膝关节之间，两腿蹬伸时挤压实心球。

2. 弓箭步

训练目的：促进躯干肌群和下肢肌群的发展。

训练方法：

（1）自然站立，两脚分开，手持杠铃置于颈后肩上固定。

（2）右腿向前跨出（步子较大），屈膝成 90 度，上身始终保持挺直状态，目视正前方。

（3）右腿收回，左腿向前跨出继续练习。

两腿交替反复练习。

变换练习：

（1）侧弓步练习。左脚向左侧跨一步或右脚向右侧跨一步，屈膝深蹲，然后右脚向右侧跨一步，屈膝深蹲。两侧交替进行。若不能做标准的深蹲姿势，可以缩小大小腿的夹角，以免刺激膝盖造成损伤。

（2）十字交叉弓箭步练习。左腿经过右脚向右前方跨步（45 度对角线方向），身体挺直，还原，右腿经过左脚向左前方跨步，两腿交替练习。

（3）持器械弓步练习。手持实心球或哑铃，置于颈后，然后按上述方式进行弓箭步练习。

3. 深蹲

训练目的：促进背部伸肌、股四头肌、臀肌和小腿肌群的平衡发展。

训练方法：

（1）两脚分开，脚尖稍外展，手持杠铃置于颈后并固定在肩上。

（2）两腿慢慢有控制地屈膝，直至大小腿垂直，脚后跟支撑身体重心，上体挺直，目视前方。如果不能做完全的深蹲动作，可放宽对膝关节弯曲幅度的限制或要求，以不损害膝关节为宜。

（3）还原，上身始终挺直。

反复练习。

变换练习：持器械练习，将实心球或哑铃固定在颈后，然后按上述方法练习。

4. 负重交换跳

训练目的：促进股四头肌、臀肌和小腿肌群的增强及平衡发展。

训练方法：

（1）双手持杠铃置于颈后肩上固定，身体保持挺直。

（2）两腿交替上抬进行练习，高度保持在 40 厘米左右。

变换练习：移动中负重交换跳，向前跳、向左右两侧跳均可。

5. 快速挺举

训练目的：促进肱二头肌、股四头肌、三角肌、臀肌和小腿肌群的平衡发展。

训练方法：

（1）两脚分开，微屈膝、屈髋。

（2）双手正握杠铃，杠铃与肩部高度齐平。

（3）屈膝，重心下移，向上举杠铃，直至手臂完全伸展。

（4）慢慢还原。重复练习。

变换练习：将杠铃换成橡皮拉力器或弹力绳，练习方法同上。

二、动态平衡训练

动态平衡对体育运动参与者来说非常重要，在平衡能力训练中不可忽视动态平衡训练。

下面分析几种简单实用的动态平衡训练方法。

1. 单足站立

训练目的：培养对身体重心的控制能力。

训练方法：

（1）自然站立，一腿屈膝抬起，使脚尖朝下，支撑腿同侧手抓握上抬腿的踝关节。

（2）保持单腿站立姿势 30 秒。

（3）两腿交替上抬进行练习。

2. 直线单脚跳

训练目的：增加腿部肌肉力量和身体的平衡性。

训练方法：

（1）在地上画若干条线，色彩鲜亮以便识别，相邻两线之间相距适宜距离。

（2）站在一端单脚依次跳到另一端，避免踩线。

（3）两腿交替练习。

变换练习：增加难度进行练习，如增加膝关节的弯曲角度；增加间隔距离；单脚跳跃每次落地后静止片刻，上身不能晃动。

3. 圆锥跨跳

训练目的：使下肢更有力量，提高维持身体平衡的能力。

训练方法：

（1）将三个圆锥形状的物体并列排成一排，相邻物体之间间隔一定距离。

（2）依次跳过三个圆锥体，速度要快，不能有太长时间的停顿。

（3）增加相邻圆锥体的间距，进行难度练习。

变换练习：身体侧对圆锥体，单腿依次跳过，再换另一腿返回，两腿交替进行。

该练习可促进腿部力量的增强，也能有效锻炼身体的平衡性。

4. 六边形跑

训练目的：提高反应能力、反应速度、身体稳定性与灵敏性。

训练方法：

（1）在地板上画一个边长 60 厘米、夹角 120°的六边形。

（2）站在六边形中心点，面向任意一条边的方向，听口令依次跑完六条边，然后返回中心点。

（3）换方向继续跑，跑完六条边后跳回中心点。

反复练习。

三、核心稳定性训练

有些运动项目需要运动员连续重复完成特定动作，这些项目对躯干和上腹部的力量有很高的要求，只有这些部位有力量，才能使身体在良好的伸展状态下完成特定动作。

躯干力量强是很多运动项目对体育运动参与者体能的共同要求，只有具备这个条件，才能以正确的身体姿势完成特定专项动作。完成很多动作时，所需的力量都来源于腹直肌，而且上下肢的协调能力也受躯干力量的影响，可见有强壮的躯干非常重要。为增加躯干力量，要特别重视上身训练的全面性，合理安排背肌训练、腹肌训练和腹外斜肌训练，以提升身体的屈伸和旋转功能，将相关肌群的力量充分运用起来而维持合理、稳定的身体姿势。身体不同部位的肌肉在工作时并不是处于绝对的孤立，状态，肌肉工作时是相互联系的，只有发展好各部位的肌肉力量，才能从下到上有效传递力量，最终使身体的稳定性

达到最佳状态。

下面分析核心稳定性的常见训练方法。

1. 提臀

训练目的：增强腹直肌的力量。

训练方法：

（1）仰卧在垫子上，屈膝，使小腿垂直地面，手臂放在身体两侧，保持稳定的身体姿势。

（2）向上提臀部，同时屈腹。

（3）臀部有控制地还原。

反复练习。

2. 反向起坐

训练目的：增加腹直肌的力量。

训练方法：

（1）在垫子上平躺，膝关节微屈，双手置于体侧。

（2）腿部微屈，拉紧腹部肌肉，保持良好的屈腹姿势。

（3）缓慢抬腿，使膝关节向胸部靠近，然后两腿还原，膝关节弯曲角度始终不变。

反复练习。

3. 抬腿

训练目的：增加腹直肌力量，使脊椎更加稳定。

训练方法：

（1）在垫子上仰卧，两手压在身下支撑背部，两腿伸直，脚尖朝上。

（2）两腿同时向上抬，使两腿与地面的夹角大约为30°，保持片刻。

（3）两腿有控制地下落，但不能完全着地，要与地面保持一点距离，以促进肌肉的积极性休息。

反复练习。

4. 抬腿仰卧起坐

训练目的：发展腹直肌和屈髋肌。

训练方法：

（1）仰卧，抬膝成90°，双手抱头，肘关节向外。

（2）向上屈体使胸部靠近大腿，然后还原。

反复练习。

5. 坐姿划船

训练目的：增加肱二头肌、斜方肌的力量。

训练方法：

（1）坐姿，微屈膝，双手握坐姿划船器的手柄。

（2）上半身保持直立，两肘贴近体侧，身体不要后倾，用力将柄拉向胸与上腹部区域。

（3）缓慢还原。

重复练习。

6. "俄罗斯式"扭转

训练目的：改善躯干的扭转能力。

训练方法：

（1）坐姿，屈膝，身体后倾成 45°。

（2）两臂伸直与大腿平行，双手可持器械来增加阻力。

（3）转肩，直至手臂与身体呈 90°。

（4）反方向大幅度旋转，转过去转回来为一次。

反复练习。

7. 交叉仰卧起坐

训练目的：增加躯干腹内斜肌、腹外斜肌的力量。

训练方法：

（1）仰卧，单腿屈膝切脚着地，另一腿屈膝并将其脚后跟放在异侧膝上。

（2）双手抱头，肘关节外展。

（3）上半身弯曲，用抬起膝异侧的肘，以对角的形式去碰膝，不要用手把头拉向前。

（4）交替方向，重复练习。

8. 瑞士球外推

（1）跪在瑞士球前，双手放在球上，高度大致与髋部齐平。

（2）缓慢将球向外滚，同时伸展身体，直到身体完全伸展开，保持背部平直，膝盖作为支点保持不动。

（3）用腹肌和背肌的力量将球滚到开始位置。

每组 15 次，完成 3 组。

9. 瑞士球腰部横向扭转

（1）仰卧，双臂在体侧伸展。双腿置于瑞士球上，臀部贴近瑞士球。

（2）以腹肌为支撑，双腿向身体一侧放下，在保持双肩不离地的同时，双

腿尽量靠近地面。

（3）还原，向另一侧转动。

两侧交替练习，每个方向各转动 20 次。

10. 俯卧撑手部运动

（1）做基本的俯卧撑动作，双手放在一个稳定的实心砖块上，双手大拇指互相接触。

（2）左手从砖块上移下以支撑身体，在舒适范围内尽可能远离砖块。身体降低。

（3）向上推起的同时，左臂移回砖块上，然后右手向右伸出，在地面支撑身体。继续向两个方向来回移动，直到完成 30 次推起动作。

11. 椅子骤降

（1）背对椅子站立，屈膝，双手向后够并按住椅子前面的边缘，双脚向前移，直到双膝的位置处于脚后跟正上方。

（2）屈肘，身体缓慢下降，直到上臂和前臂垂直。

（3）将身体推起，直到双臂完全伸展。

每组重复 10 次，完成 3 组。

12. 毛巾飞鸟

（1）做标准的俯卧撑姿势，正对胸部下方的地面上铺一条毛巾。双手放在毛巾上，双手分开。

（2）躯干不动，双手向内侧滑，收拢，然后向外侧滑，还原。

每组重复 15 次，完成 2 组。

13. 反向桥扭转

（1）坐在瑞士球上，双手抱实心球。

（2）双脚缓慢移动，同时使身体贴着瑞士球滚动，直到瑞士球支撑住下背部。两臂完全伸展，使实心球位于胸部上方。

（3）以左肩为支点，上半身向左侧旋转。

（4）缓慢回到中间位置，然后继续向右侧重复练习。

每边重复 15 次，完成 3 组。

14. 蚌壳系列动作

（1）斜躺，右侧髋部接触地面，前臂支撑身体。将左手置于左侧髋部。双腿微弯曲，将一条腿叠放在另一条腿上方。

（2）脊柱挺直，右腿放在地上，双脚靠拢，左膝抬起 10 次。

（3）膝盖和双脚靠拢，将双脚抬离地面，同时，双膝开合 10 次。

（4）保持双膝打开的状态，然后左腿抬起，伸直，大腿不动，然后再次弯曲左腿。

重复 10 次，换另一侧继续练习。

15. 自行车腹部提拉

（1）仰卧，屈膝，双手放在头后，双腿抬起。

（2）摆动躯干，在身前用左侧肘触碰右膝。想象肩胛骨拉离地面，从肋间及腹斜肌处扭转。

（3）换另一侧重复练习。

左右两边各 6 次。

16. 下台阶

（1）站在一个砖块上，左脚接近砖块左侧边缘，右脚在砖块旁边悬空。双臂在体前伸直。

（2）左膝弯曲，降低身体重心，使右腿悬空下降至砖块上沿之下。

（3）左侧脚后跟用力向下推，回到开始姿势。

两腿交替练习，每条腿完成 15 次练习为 1 组，共 2 组。

17. 爬行成平板支撑

（1）站姿，上半身前俯，双手在地面支撑，双腿伸直。

（2）双手向前爬行，直到身体成一个平板支撑姿势。

（3）双臂伸直，降低双肩，保持 10 秒。

（4）双手向双脚方向爬，还原竖直站立姿势。

重复 6 次。

18. 瑞士球仰卧成桥

（1）竖直坐在瑞士球上，双手置于膝盖。

（2）手臂向前伸展，身体缓慢向后倒，同时脚向前移，使球沿着脊柱向上滚，双臂举过头顶。

（3）上身后仰，双臂微屈，直到双手碰面，后脑顶住球。保持 5 秒，结束时呼气。

（4）放松，抬头，双脚缓慢后移，还原开始姿势。

19. 单腿臀部推起成桥

（1）仰卧，两腿屈膝，双臂在身体两侧伸直。

（2）左脚抬起，膝盖弯曲成 90 度，大腿和躯干垂直。

（3）右脚脚后跟向地面推，同时骨盆抬起，直到躯干和大腿平行。保持 30 秒。重复练习。

两腿交替练习。

20. 高弓步

（1）站立，右脚向前跨出，俯身，双手触地，分别置于右脚两侧。

（2）左腿后撤一大步，左腿和身体成一条直线，左脚脚掌接触地面。右脚脚后跟用力推出，大腿肌肉缩紧，保持 30 秒。

（3）左腿撤回和右腿成一条直线，然后右腿向后跨出，重复练习。

21. 侧向滚动正确做法

（1）仰卧在瑞士球上，上背部紧靠球。双脚平放在地上且分开，髋部抬起，双臂在体侧伸展。

（2）双脚小步移动，将球向侧面滚动。然后向相反方向滚回。

向每个方向移动 10 步为 1 组，完成 3 组。

22. 小步

（1）仰卧，双膝弯曲，脚尖点地。

（2）双手放在髋骨上，左膝抬起靠近胸部方向，同时收紧腹部肌肉。

（3）左腿放下，腹部肌肉继续绷紧，保持 10 秒。

（4）右腿重复以上动作。

第四节　速度素质的训练

速度素质是人体进行快速运动的能力。速度素质的表现形式有反应速度、动作速度和位移速度三种。

一、移动速度训练方法

（一）跨越栏架

（1）在跑道上将起跑线、终点线、跑进路线明确标出来。在跑道两侧摆两排小栏架，每排 4 个。

（2）练习者在 A 处准备就绪，听口令快速起动沿跑道前进。

（3）在练习者即将到达第一排栏架时，教师发出变向指令或用手势示意练习者变向，练习者按指令要求右转或左转。

（4）练习者越过第一排右侧的两个栏架或左侧的两个栏架后，再越过栏架返回跑道上，向另一侧的两个栏架跑动，越过另一侧的两个栏架，再返回跑道上向第二排栏架跑进。

（5）练习者按同样的方法越过第二排的四个栏架。教师再发出变向口令或用手势示意变向。

（6）练习者听指令越过栏架，最后向终点线快速跑进。

（二）"Z"形跑

（1）将7个锥体按"Z"字形排开，锥体间的水平距离和垂直距离适宜。

（2）练习者在起点处面向锥体做好准备，听到"开始"口令后向第一个锥体快速跑进，然后急停，再向第二个锥体快速跑，再急停……依次跑过所有锥体。

（3）练习者按同样的方法返回。

（三）环绕、穿越和跨越

（1）将6个锥体一字排开。

（2）练习者从场地一角开始，围绕六个锥体跑动，身体应正对每一个锥体，并尽可能快地通过每个锥体。

（3）练习者听到哨声后迅速侧滑步到每行锥体的末端，向后跑到锥体线后面，侧步返回至第一个锥体，向前跑到开始处，然后反方向重复一系列的侧滑步和向前、向后跑。

（4）第二圈，练习者向后跑回到第一锥体，转身并跑向第一、第二个锥体之间，再转身跑向第二、第三个锥体之间，直至到达终点线。接着，运动员原路返回起点。

（5）第三圈，练习者侧滑步跨越每个锥体，在最后一个锥体外侧制动，再侧滑步返回起点。

（四）侧向倾斜板走

（1）练习者站在木板中间做好准备。

（2）左脚向木板左侧移动，踏在木板左侧斜坡面制动，向反方向快速拉伸，然后还原移动到木板中间，右脚和左脚一前一后分别快速从木板上跳下。

（3）两脚再次踏上木板，右脚向木板右侧移动，踏在木板右侧斜坡面制动，向反方向迅速伸。然后还原，移到木板中间，左脚和右脚一前一后分别快速从木板上跳下。

（4）两脚再次踏上木板，左脚向木板左侧移动，踏在木板左侧斜坡面制

动，然后向反方向迅速伸。

反复练习。

（五）跟随游戏

（1）两两一组进行练习，两名练习者的两只脚踝都系上一个橡皮筋，即用橡皮筋将脚踝连接起来。练习者间隔一定距离面对面站立。

（2）规定一人为进攻者，另一人为防守者，进攻者只能左右侧跨步移动，但可以变化进攻方向，防守者主要通过移动的方式躲闪进攻，可以侧跨步移动，也可以采用制动—起动的方式。

（六）放开冲刺

（1）将绑带或绳索等阻力装置绑在练习者腰间。

（2）教师吹哨表示开始，练习者立即冲出，迅速跨步，同伴控制好阻力装置，使练习者在阻力条件下完成练习。

（3）练习者跑几步后，同伴松手放开绳索或绑带，此时练习者在没有阻力的条件下用力向前冲，下肢加快跑动速度。

在阻力条件下，练习者就要拼尽全力跨步前冲，要有爆发力，没有阻力限制后，也利用放开阻力瞬间的加速度向前冲，将速度加到最大，练习者要能够利用神经系统的功能去控制速度。

二、反应速度训练方法

（一）双人抛球＋俯卧撑

（1）在垫子上做好跪姿准备，手持实心球，给同伴传球，然后双臂自然支撑做一个标准的俯卧撑动作。

（2）从俯卧撑还原到跪姿，接同伴回传的球，再传球，做俯卧撑，反复练习。

注意练习时速度要尽可能快。

（二）对墙高抛

（1）面向墙壁，自然站立，两脚分开，双手拿一个实心球。

（2）迅速屈膝，重心放低，然后一边起身一边将实心球高高抛向墙壁，抛球后全身伸展。

（3）反复练习，计算规定时间内的抛球次数。

需要注意的是，练习过程中背部肌肉始终保持适度紧张状态，屈膝后要做标准的深蹲姿势。

（三）单臂支撑＋俯卧撑

（1）做标准的俯卧撑预备姿势，手臂弯曲，身体笔直。

（2）手臂伸展，身体上抬，一手放在实心球上，再继续做俯卧撑，主要用支撑手臂的力量来完成动作。

（3）支撑手臂将身体撑起后离开地面，手的高度和实心球上端齐平。然后有控制地放下，再继续发力支撑身体并离开地面，在这个过程中，支撑手臂要用爆发力快速将身体撑起并离开地面。

需要注意的是，支撑手接触地面的时间要尽可能短，触地后立即爆发式推离地面。

（四）爆发式斜拉

（1）在一条安全杆上挂一根直径5厘米左右且表面比较粗糙的绳子，为了安全起见，也可以从安全钩中穿过绳子。

（2）练习者伸展手臂，双手用力将绳子拉住，身体向后倾斜，与地面保持45度夹角，身体充分伸展，背肌收紧。

（3）练习者快速用力拉动绳子，将自己的身体拉起来。

反复练习。

（五）剪式跳跃

练习方法：

（1）两脚前后错开，稍屈膝、屈髋。

（2）用力蹬地向上纵跳，空中交换两脚前后位置，落地后也保持两脚一前一后的姿势。上身始终保持挺直状态。

反复练习。

变换练习：

（1）分腿纵跳，拉大两腿前后错开的距离，落地后屈膝，重心调低一些，以增加练习强度。

（2）移动跳跃练习。

（六）团身跳跃

练习方法：

（1）两脚开立，目视前方。

（2）向后摆臂，同时屈膝、屈髋，重心降低，下肢蓄力准备释放。

（3）向前摆臂，当手臂与身体两侧贴近时，髋、膝、踝关节依次伸展，两脚用力蹬地纵跳，膝盖尽可能向胸部靠近。

（4）落地后，两脚依然是分开姿势。

反复练习。可以规定练习时间，要求练习者在规定时间内尽量完成多次跳跃。

变换练习：

（1）按照上述方法跳跃，但落地位置与跳起位置不同，两个方向呈直角。

（2）跳跃后空中加转体动作。

（3）单腿练习，两腿交替。

（4）两腿伸直，上体前屈进行屈体跳练习。

（5）向前后方向或左右方向移动跳跃。

（七）横滑冰

（1）两脚并立，目视前方。

（2）左脚或右脚横向蹬地抬起，落地后反方向用力蹬地。

（3）两脚交替练习。

反复练习。教师可以规定练习时间，让练习者尽可能完成较多次数的练习。

（八）障碍跳跃

练习方法：

（1）将标志桶、跨栏或箱子作为障碍物，练习者面向障碍物，身体直立，做好准备。

（2）屈膝、屈髋，身体重心下移，两脚同时蹬地向前跳起越过障碍物，两臂配合前后摆动。注意跳起时膝盖尽可能靠近胸部，以获得更大的向前跳跃的力量。

（3）两脚落地后屈膝缓冲，两臂在体侧维持身体平衡，然后充分伸展身体，还原准备姿势。

设置多个障碍物并连续越过障碍，也可以规定练习者在跳跃后变换落地方向或落地后冲刺跑，以增加练习强度。

变换练习：

（1）单腿障碍跳

练习者用一侧腿完成障碍跳跃练习，具体练习方法同上，但初步练习时要选择高度较低的障碍物，随着练习水平的提升，慢慢调整为较高的障碍物，也可以直接使用可调整高度的障碍物，练习者根据自身情况调整高度。

（2）横向障碍跳

这是练习者横向从障碍物上跳过的一种练习方式。练习者的站位要侧对障碍物，然后下肢蓄力，纵身跳起，身体横向越过障碍物。两腿同时落地后注意屈膝缓冲，手臂摆动以维持平衡。也可以连续横向越过障碍物，不断加快速度，在规定时间内完成多次跳跃。

三、动作速度训练方法

（一）起动训练

1. 平行式两点站姿起动

（1）以运动姿势开始，稍屈膝、屈髋，双脚分开，与肩同宽。

（2）一只脚后移至身体重心的后面一点，快速着地。

（3）躯干和身体收紧，肩部前倾，通过有力的摆臂动作爆发式向前移动。

可以尝试在起始位置直接快速向后撤一步，使所有向前的动力都在一条直线上。

2. 高抛实心球

（1）屈膝下，将实心球放在双腿之间的地面上。

（2）抓住实心球两侧，手指摊开。双臂向前下方伸展，抬头，干收紧。

（3）向前送髋，向上抬肩，身体直立并向上抛球或扔球。

3. 下跌起动

（1）双脚并立，身体前倾直到失去平衡。

（2）快要倒地时快速向前移动。

（3）继续加速。

（二）加速训练

1. 走军步

（1）两脚并立，手臂下垂落在体侧，抬头挺胸，目视前方。

（2）一侧腿的膝关节抬高，完全弯曲，同时保持脚踝背屈接近臀肌，抬到最高点时，向前伸展，落地，送髋，换另一侧腿。

（3）手臂前后摆动配合下肢动作

2. 小跳

（1）跳跃时使用完美的姿态和手臂动作。

（2）一侧腿膝关节抬起，完全屈曲，同时脚踝背屈并接近臀部，在空中时保持军步走中的高位姿势。上身始终直立、稳定。

（3）脚落地时安静、有爆发力，不要猛地落地。强调踝关节肌肉的硬度。

3. 换挡

（1）将5个标志桶一字排开，两两相隔18米左右。

（2）在标志桶之间变换跑步强度，练习加速和在各种速度（或挡位）之间切换（过渡）。例如，在1号和2号标志桶之间用半速（二挡）跑步，2号和3号标志桶之间用3/4速度（三挡）。3号和4号标志桶之间用1/4速度（一挡）在4号和5号标志桶之间用全速（四挡）。

练习者可以根据需要调整挡位顺序，也可以对标志桶的数量进行增减调整，以加大或减低练习难度。

4. 快速步频转加速

（1）身体直立向前移动，用力摆臂，强调步频，而不是水平速度。

（2）快速移动一定距离后，躯干前倾，向前再加速移动一定距离。

（3）躯干全程绷紧、挺直，步伐有力，注意用肩部带动摆臂。

5. 正面阻力

（1）练习者与同伴面对面站立，同伴将双手放在练习者肩上。

（2）用力向前移动（身体收紧）同伴与其进行轻度对抗。

（3）同伴在没有提示的情况下快速向边上移动，练习者继续加速移动。

（4）在阻力条件下完成一定距离的快速移动后，取消阻力，继续加速练习。

（三）最大速度训练

1. 横向滑步到向前冲刺

来回横向滑步5～10米，然后再向前冲刺10～20米。

横向滑步时保持低重心，脚尖向前，手臂放松。横向滑步到设定好的位置，然后向前冲刺，也可以在做出有效的技术后或根据某种指令或刺激开始向前冲刺。

2. 进进出出

向前加速奔跑 20 米，再匀速跑 20 米，再继续加速跑 20 米，最后慢速跑 10～20 米。

注意从加速跑转为匀速跑后要保持身体放松，同时也要保持高步频。第二次加速时要有意识地提高从快速奔跑到冲刺的能力。可以根据运动项目的特点和练习者的实际情况而设定每个阶段的距离。

3. 步行—慢跑—冲刺

摆放 2 个圆锥筒，间隔 10～20 米。从第一个圆锥筒处开始向前步行，慢慢进入慢跑状态，跑到另一个圆锥筒前进入冲刺状态。

练习中要注意速度和节奏的变化。

第五节　力量素质训练方法

力量素质是人体-肌肉系统工作时克服或对抗阻力的能力。[①] 个体参与体育运动锻炼的过程就是借助机体的肌肉力量完成各种动作的过程。力量素质可以分为三种，即最大力量、速度力量与力量耐力。

一、力量素质训练要求

（1）运动员在进行力量素质训练前，一定要保持一个良好的身体状态，这是非常重要的。如果身体条件不允许进行较大负荷的训练，训练时不能把握好训练量，不仅不能达到训练的效果，而且还会给机体造成不良的影响。

（2）在进行力量素质训练前，要做好充分的准备活动，可以做一些柔韧、伸展练习，以将身体充分活动开，这能有效降低运动损伤发生的概率。

（3）在进行力量素质训练时，要根据自己的实际情况来合理安排运动训练的负荷，切记不能急于求成，盲目训练。

（4）在训练的过程中，运动员要注意肌肉张力的变化。力量的增加会使得

---

① 张英波. 现代体能训练方法［M］. 北京：北京体育大学出版社，2006.

肌肉张力增加，这是训练计划实施后积极效果的表现。注意到力量的增加能提高运动者训练的积极性。

（5）在初次训练时，一般采用能连续重复 10 次的重量，最后一次恰好能够完成。当然这样精确控制是不容易达到的，因此前几次训练课中应该通过不断尝试来调整确定适宜重量。

（6）避开旧伤。在力量素质训练中，要注意避开旧伤，尤其是没有恢复的伤病进行训练。如果练习过程中感到疼痛，应减少负荷或停止训练。

二、一般力量素质训练

（1）颈后推举：身体直立，挺胸收腰，握距同肩宽，将杠铃高翻至颈后，然后将杠铃从颈后推起至两臂完全伸直，反复练习。

（2）胸前推举：两手持铃将杠铃（哑铃或壶铃）翻起至胸部，然后立刻上推过头顶，再屈臂将杠铃放下置胸部，再上推过头顶，反复练习。

（3）仰卧撑：训练时，处于仰卧位，两臂伸直撑在约 50 厘米的高台（或肋木）上，屈臂，背部贴近高台（或肋木），然后快速推起至两臂伸直，反复做 10～15 次。

（4）腕屈伸：身体直立（或坐着），前臂固定在膝上或凳子上，两手反握或正握杠铃（或哑铃、杠铃片）做腕屈伸（或交替腕屈伸），腕屈伸至最高点，稍停顿，再还原。反复练习。

（5）直臂扩胸：身体直立，两手各持一个哑铃或杠铃片，先直臂向胸前与肩关节成水平位置举起，然后直臂向两侧充分扩胸，还原，反复练习。

（6）持铃耸肩：身体直立，正握杠铃，以肩部斜方肌的收缩力，使两肩胛向上耸起（肩峰几乎触及耳朵），直至不能再高时为止。还原，反复练习。

（7）坐姿摆臂前移身体：坐在地板或垫子上，双腿并拢。双手持重物或徒手快速摆臂，带动身体前移。

（8）直膝大步走：左腿直膝向前迈步，以足踵滚动着地至前脚掌。当身体重心前移超过支撑点的垂直部位时开始后蹬。在后蹬即将结束瞬间，右腿直膝向前迈步，两腿交替前进。

（9）踝屈伸跳：双腿直膝跳起后足尖翘起，反复练习。

（10）立足跳远：面对沙坑或垫子，双脚以肩宽左右开立，双臂上举并充分伸展身体。下蹲后双腿迅速蹬伸，向前上方跳起，前引双脚落地。

（11）直膝跳深：采用 8～10 个 20～30 厘米低跳箱，间距约 50 厘米依次横向排列。练习者直膝从跳箱上跳下，再直膝迅速跳上下一个跳箱。训练时要求只用踝关节快速完成动作，从而达到缩短与地面接触时间的目的，增强训练效果。

（12）跳深：采用 8～10 个高 60～80 厘米的跳箱，间距约 1 米依次横向排列。练习者从跳箱上跳下，再迅速跳上下一个跳箱。训练时要求用下肢各个关节快速完成动作，以达到缩短与地面接触时间的目的。

（13）原地转髋跳：原地跳起，在空中快速左右转动髋部。

（14）原地快速高抬腿：上半身保持正直，肘关节弯曲约 90 度。前摆手摆到约肩部高度，后摆手摆到臀部之后。大腿摆到与地面平行的姿势。

（15）悬垂摆腿：双手抓住肋木身体悬垂，摆动腿向身体对侧的上方迅速摆动。反复进行训练。训练时可以在摆动腿的脚或小腿上负重进行训练。

（16）挺身展髋：原地挺身展髋、双脚连续起跳挺身展髋。训练过程中，要求身体动作要准确、到位。并注意动作的保持时间，以 3 秒钟为宜。

（17）元宝收腹（静力）：两手置脑后，平躺地上或垫子上，上半身卷起时，两膝收至髋部上方。上半身卷起和收膝同 1 时进行，直到两肘碰到两膝为止，稍停 2 秒钟（或保持静止 30～50 秒），反复练习。

（18）负重弓身：两臂持杠铃于颈后，两腿开立，约与肩宽，身体直立，腰和腿收紧，上体慢慢前屈，臀部后移，使上半身成水平状态，然后向上挺直身体。可做直腿或屈腿弓身，也可坐在凳上做弓身。

（19）负重体回环：两腿伸直分开站立，两手握杠铃片或重物，两臂伸直以腰为轴做体回环动作。练习时速度要慢，反复练习。

三、专项力量素质训练

1. 手腕关节力量训练

进行控倒立、倒立爬行、连续俯卧推跳及负重手腕屈伸练习等。

2. 上肢力量训练

（1）做计时的单臂俯卧撑、负重俯卧撑、自由倒地成俯撑的联系。

（2）做各种跳起成俯撑的动作练习。

3. 下肢力量训练

（1）原地连续纵跳、连续团身跳，10～20 米的单脚或双脚连续跳、原地屈体分腿跳等。

（2）原地连续屈体分腿跳，负重屈体分腿跳，扶肋木前、侧、后方向快速踢腿，连续科萨克跳或连续吸腿跳等。

4. 躯干力量训练

（1）专门性控腹练习、分腿支撑、直角支撑等。

（2）分腿支撑和直角支撑转体等。

第六节　柔韧与协调素质训练方法

一、柔韧素质训练方法

（一）颈部拉伸

（1）在椅子上坐好，背挺直，后脑勺、耳朵、肩膀位于一条垂直线上。

（2）一只手臂向斜前方伸展抓住异侧椅子前端。

（3）头轻轻地向左侧倾斜，还原并向右侧倾斜。

（4）持续练习 1 分钟。

（5）另一只手臂向斜前方伸展抓住椅子另一侧的前端，并按上述方法练习1 分钟。

两侧交替练习。

（二）肩部拉伸

（1）侧对门框，两脚开立。

（2）伸展右臂，与腰齐高。

（3）右前臂转动至手指将门框边缘抓住。

（4）向左转体，持续拉伸 1 分钟。

（5）慢慢还原、放松。

（6）身体左侧侧对门框，伸展左臂，按上述方法练习。两侧交替练习。

（三）背部拉伸

1. 上背部拉伸

（1）在椅子上坐好，身体放松。

（2）一只手臂经体前搭在异侧肩上，另一侧手臂体前屈拉搭肩手臂的肘部，持续拉伸1分钟。

（3）换另一只手臂搭在异侧肩膀上，按上述方法练习，同样持续拉伸1分组。

两侧交替练习。

注意两脚在地上位置不变，背部始终处于挺直状态。

2. 后背中部拉伸

（1）坐在垫子上，上半身挺直，一腿贴地伸直，一腿屈膝交叉在伸直腿外侧。

（2）与伸直腿同侧手臂的肘放在屈膝腿膝盖上，另一侧手伸展支撑于地面。

（3）放在屈膝腿膝盖处的肘用力推屈膝腿，使上肢与屈膝腿分开一定距离，上半身顺势向一侧扭转，持续拉伸1分钟。

（4）另一条腿屈膝，向另一侧扭转拉伸，方法同上。

两侧交替练习。

3. 下背部拉伸

（1）在垫子上仰卧，头在枕头上。

（2）两腿向同一侧屈膝上抬靠近胸部，直至大小腿垂直。

（3）肩膀始终在地面上固定不动，保持拉伸姿势1分钟。

（4）两腿伸展放松，再次屈膝向另一侧拉伸。

（5）两侧交替练习。

（四）大腿拉伸

1. 大腿前侧拉伸

（1）两脚开立，一侧腿屈膝下跪，保持膝关节弯曲90度，另一侧腿屈膝至大腿平行地面，保持骨盆与髋处于平直状态。

（2）身体下压，前腿膝关节角度不变，髋关节异侧腿有明显的拉伸感。

（3）持续拉伸1分钟

（4）下跪腿屈膝，大腿平行地面，另一侧腿屈膝跪地，膝关节弯曲约90度，然后按同样的方法练习。

（5）两腿交替练习。注意上半身始终挺直不动，不能前俯后仰。

2. 大腿后侧拉伸

（1）在垫子上卧，将枕头垫在头下，整个身体面向一道门。

（2）臀部完全在地上。

（3）一条腿抬起放在墙上，充分拉伸，但不必一定要伸直，伸展到最大限度即可。

（4）另一腿伸向门柱，若有不适感，可将一个枕头或其他软物垫在膝关节下。

（5）持续拉伸 1 分钟。

（6）伸向门柱的腿蹬墙，蹬墙腿伸向门柱，继续按上述方法练习。两腿交替练习。

3. 大腿中部拉伸

（1）背对着墙坐在垫子上，两脚外侧着地，脚底并在一起，双膝向下压，但不要勉强，使腹股沟部位有明显的拉伸感。

（2）背部保持挺直状态，不要塌腰。

（3）持续拉伸 1 分钟，然后放松 1 分钟。

重复练习。

4. 大腿侧面拉伸

（1）在垫子上仰卧，将枕头垫在头下。

（2）分开两腿，臀、盆骨完全着地。

（3）一条腿屈膝抬起，膝关节向腹部靠近，脚落在另一侧腿膝关节上方。

（4）抬起腿向异侧移动直至与身体基本垂直，臀部不离地。

（5）屈膝腿异侧手放在屈膝腿膝盖处轻轻拉伸，注意不能用蛮力强迫拉伸。

（6）持续 1 分钟，然后换另一侧腿按上述方法继续练习。

两腿交替练习。

（五）小腿拉伸

1. 小腿前侧拉伸

（1）在椅子上坐好，一腿屈膝抬起放在支撑腿大腿上，脚踝位于支撑腿的膝盖外缘。

（2）支撑腿同侧手将屈膝腿脚尖外侧抓住，向同侧拉，使小腿有明显的拉伸感。

（3）持续拉伸 1 分钟。

（4）屈膝腿落地成为支撑腿，之前的支撑腿屈膝抬起放在另一侧腿的大腿上，按上述同样的方法进行练习，同样持续拉伸 1 分钟。

（5）两腿交替练习。

2. 小腿后侧拉伸

（1）在椅子上坐好，两脚分开。

（2）将 8～12 厘米厚的书放在脚的正前方。

（3）左脚的脚掌踏在书上。

（4）轻微拉伸小腿。

（5）持续 1 分钟。

（6）左脚落地，右脚脚掌放在书上，脚跟着地，轻微拉伸右腿小腿。

两侧交替练习。

（六）臀部拉伸

（1）在垫子上仰卧，整个身体面向墙，将枕头垫在头下。

（2）两脚分开，右侧腿抬起置于墙上，并屈膝至大小腿垂直。左侧腿举起放在右腿上，膝、踝关节超过右侧腿的膝盖。

（3）髋和骨盆始终在地上。体会臀部左侧的拉伸感。

（4）持续 1 分钟。

（5）左腿抬起放在墙上，右腿举起放在左腿上，按上述方法重复练习。两腿交替练习。

（七）肩关节柔韧训练

1. 向内拉肩

站姿，一侧手臂肘关节抬到齐肩高，屈肘与另一臂交叉。另一臂抬到齐肩高将对侧肘关节抓住，呼气，向后拉，保持片刻。

2. 助力顶肩

跪姿，双臂上举，双手交叉于身后的辅助者颈后。辅助者手扶在髋部触碰对方肩胛部位，后仰，用髋部向前上顶，保持片刻。

3. 背向拉肩

背对墙而立，双臂向后伸展扶墙。呼气，屈膝，重心下移，手臂和上体充分伸展，保持片刻。

（八）腕关节柔韧训练

1. 向内旋腕

站立，双手合掌，手臂伸直。呼气，手腕内旋，双手分离。

2. 跪撑侧压腕

跪姿撑地，手指指向体侧。呼气，重心缓慢向前后方向移动。

（九）关节柔韧训练

1. 身体扭转侧屈

站姿，左腿伸展、内收，在右腿前交叉。呼气，上半身右侧屈，双手尽力触碰左脚跟，保持片刻。

2. 侧卧拉引

侧卧，双腿伸展。呼气，上面腿又体前下方伸展，悬在空中，保持片刻。两腿交替练习。

3. 仰卧臀拉伸

仰卧，外侧腿从台子上向下移到悬垂空中。吸气，内侧腿屈膝，双手抱膝缓慢拉向胸部，保持片刻。

（十）踝关节柔韧训练

1. 跪撑后坐

跪姿，双手撑地，双脚并拢，脚掌在地面支撑。呼气，臀部向后下方移，保持片刻。

2. 踝关节向内拉伸

坐姿，一侧腿屈膝，放在另一侧腿大腿上，同侧手抓屈膝腿的踝关节上部，异侧手抓住屈膝腿的脚外侧。呼气，将踝关节外侧向内拉引，保持片刻。

二、协调素质训练方法

（一）锥形物训练

练习方法：

（1）将若干锥形物（半径3～5米）竖立在地上，保持适宜间距。

（2）从一个锥形物出发向另一个锥形物跑进，每通过一个锥形物时完成一个专项运动技术，将专项技能与跑的练习结合起来。

变换练习：

（1）增加阻力或提供辅助进行变换练习，同时穿插变化的专项技能，提高练习级别和难度。

（2）将一个滚动球放在练习区域，通过每个锥形物时要绕开球，不能碰到球也不能被撞到。

（二）一个接一个的活动

练习方法：

（1）选择一个运动场地，场地大小规格依据练习者的运动水平而定，水平越高，场地越大。场地上摆放一排箱子。

（2）练习者分两排站在箱子两侧，面对面，其中一排是主要练习者，另一排负责干扰。

（3）负责干扰的队员向练习者扔沙包等物体，主要练习者面对正对面队员的干扰，要迅速移动闪躲，躲避干扰，闪躲过程中还要保持身体平衡，防止摔倒。

（4）一旦练习者被击中，就与干扰者互换角色。

变换练习：

练习者在闪躲过程中采用不同的躲避方式，并完成指定的动作，成功躲避后要及时减速。

（三）扔球

练习方法：

（1）练习者站在球上保持平衡，同伴手持球，距离练习者4米左右，两人面对面。

（2）同伴松手扔球的瞬间，练习者以最大速度向球的方向冲刺，注意通过摆臂来提速。尽可能在球第一次落地反弹后将球接住。

（3）每成功接球一次，练习者与同伴的距离就增加1米，以不断提升练习难度。

变换练习：

（1）练习者与同伴站成一排或背对背站立，同伴扔球后，练习者快速转身接球。但同伴松手后要发出信号，使练习者迅速作出反应。

（2）练习者在急速跑动接球或转身接球时可以将一些起动姿势加入其中，或者加入等长练习。

（3）多球练习，使练习者连续跑动接球。

（四）袋鼠跳

将练习者分成人数相等的两队，两队间隔一定距离，成纵队站在起点

线后。游戏开始，每队第一人听教练员信号，迅速跳进麻袋，双手提着麻袋口，双脚跳跃，过折返线后钻出麻袋，提着麻袋跑回，交给第二人。第二人继续练习，依次类推，两组最后一人跑回起点线则结束游戏，先完成的队获胜。

（五）跳长绳

将练习者分成两组，每组先选出两人摇绳，其他人陆续全部进入绳中连续跳绳，跳绳停摇为一局，每局进入跳绳人数多的一方或全部进入后跳绳次数多的队获胜。

（六）一加一投篮比赛

将练习者分成人数相等的两队，各成一路纵队分别站在两个半场的罚球线后，排头手持篮球，投中可再投一次；如第一次未投中不可再投。排头投篮后传给第二人，自己站到队伍最后，依次类推，直至全队完成投篮，累计投中次数多的队获胜。

（七）空中接球

把练习者分成人数相等的两队，各自选定起跑点，做好标志，各成一路纵队排在助跑道两边。游戏开始，各队第一人自起跑标志加速助跑踏跳成腾空步，在空中接住来球，落地后再将球回传，其他队员依次进行。在空中接住球得1分，累计总分多的一队获胜。

（八）发球得分

将练习者分成人数相同的两组，其中一组所有人站在本方场地端线后，每人各持一球，另一组在场外拾球。持球组排头正面上手发球，向对方号码区击球，球落到几号区得几分，依次进行。两组轮换练习。累计分数多的一组获胜。

第七节　乒乓球专业技能训练

一、双打及其训练

乒乓球双打，是以单打作为基础的。但是，一个优秀的单打运动员，也不一定是优秀的双打运动员；两个最好的单打运动员，也不一定能够结合成最理想的双打配对。因为，双打是两个人协同作战，在技术、战术的运用上，有它本身的特点。所以想要有效地提高双打的技术水平，就必须根据双打的特点，进行合理的配对和严格系统的训练。

（一）双打配对的基本要求

双打配对的基本要求是：

（1）两人要有团结、协作的思想基础，力争在心理上达到默契程度。

（2）两人在打法和技术上有突出的特点并能相互补充。

（3）两人在站位上各有特点，以利于避免冲撞，加快脚步移动和让位，有利于积极进攻或防守。

双打的配对，以持拍手划分，可以两人都是左手持拍，也可以两人都是右手持拍，还可以是一个左（右）手持拍同一个右（左）手持拍；以握拍方式划分，可以两人都是直握拍；也可以两人都是横握拍，或者是一个直握拍同一个横握拍；如以类型打法划分，可以是快攻型（如左推右攻配左推右攻，左推右攻配两面攻，两面攻配两面攻），也可以快攻型同弧圈型，还可以快攻型配削攻或者弧圈型配弧圈型，弧圈配削攻，削攻配削攻。

初学者或者双打水平不高的运动员，在配对时应以同类型配对为宜，因为同类型配对回球旋转单一，脚步移动和让位都不复杂，容易被初学者接受和掌握。对待有比赛任务的双打选手，应根据需要，酌情择优选配。

（二）双打的跑位

双打的跑位范围比单打要大得多，它不仅需要不停地跑位去回击，而且还要以不阻挡和不影响同伴的跑位与回击来球为前提。既要跑得快，又要跑得默契。

目前，各种配对经常的基本跑位方法，大致有以下几种：

（1）左手和右手握拍攻击型的选手配对。常用横向或斜向移动（俗称八字式）。一般在击球后向自己反手一侧移动（图6-1）。

（2）两个右手握拍攻击型选手配对，常用三角形的移动方法（图6-2）。

（3）一个近台攻球手和一个中台攻球手（或弧圈选手）配对，常用"T"字形移动的方法。前者多做左右移动，后者多做前后移动（图6-3）。

（4）两个削球手的配对，一般用横斜向的移动方法或做环形移动。如果是一个近削和一个远削配对，则近削者以横斜向移动为主，远削者以前后移动

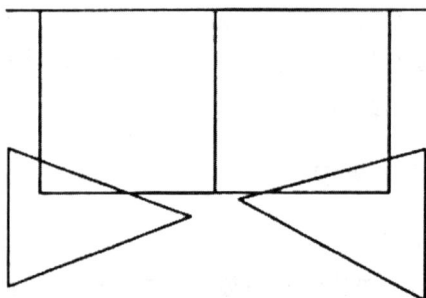

图 6-1 异侧持拍选手八字形步法移动

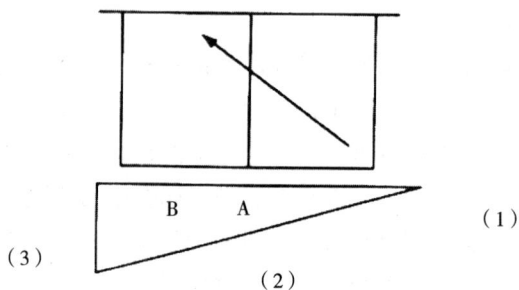

（3）

（2）

（1）

图 6-2 "三角形"步法移动

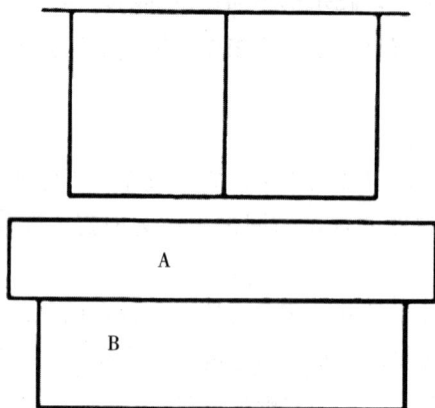

图 6-3 "T"形步法移动区域

为主。

　　以上介绍的只是双打各种配对的基本移动路线，但在比赛过程中，情况是千变万化的，绝对固定的移动方式是没有的。因此，要求运动员临场时必须灵活机动的运用。

（三）双打的配阵

为了更有效地实现战术意图，达到预期的效果，在双打比赛中，配阵也是重要的一环。控制较强者，主攻较弱者这种战略性的措施也是配阵的主导思想。

双打比赛选择方位、发球或接发球时，大都选择接发球。如果发球一方以发球质量高的人先发球，接球的一方则可用进攻能力强或接台内短球较好的人来应对，力争先发制人，夺取主动。双打比赛配阵时，一般采取以男接男，以女接女的方法。这样，对方男队员打过来的球，由本方男队员向对方女队员进攻，以强攻弱，打开缺口。容易取胜。配阵如果好，就能采取以强对弱的方法来压倒对方，争取先拿下第1局，这样能争强信心，鼓舞斗志，为获胜打下良好的基础。双打比赛时，还要根据两人及对手不同的技术特点，在自己和搭档中选择一人作为主要突击手（找机会先起板进攻），选择好对手的突破口，主要突击手的同伴作为扣杀手（注意进攻连续），用以扩大战果。但是这不能绝对化，因为战局和临场发挥常有变化，所以，两人既要有具体的分工，又要视情况合作对应。

二、步法及其训练

乒乓球的速度快、落点变化多，要求运动员既要掌握各种步法，又能在复杂的环境中灵活的运用，要达到此目的，必须进行长时间系统的练习。步法训练时，应注意下面几个问题：

第一，起动要快。要做到这一点，准备姿势必须正确。要保持两膝自然弯曲，使下肢有较好的弹性，上体微前倾，适当收腹，身体重心略靠前，以保证击球时身体重心的控制。

第二，注意击球后身体重心的交换。不论采取何种击球动作，移动步法时，身体重心必须紧紧跟随。发力击球时，身体重心要由一脚转到另一脚；发力结束时，重心的支撑脚应及时向相反的方向蹬地，使身体重心迅速还原到两脚之间。这样才能保证下一次击球前的步法移动。

第三，击球过程中，要注视对方的动作，特别要学会用眼睛盯住对方球拍触球瞬间的动作。只有这样，才能做到再来球还处在对方台面上空时就已经把来球的方向和落点判断清楚了，从而有较多的时间移动，从容地进行回击。

第四，手法和步法要紧密地结合起来。

（一）影响步法移动的因素

人体的移位运动，是由人体的作用力和支撑反作用力相互作用而形成的。击球移动步法时，运动员下肢肌肉的力量作用于地面，使地面产生了大小相等、方向相反的支撑反作用力。运动员作用于地面的力是作用力、主动力、内力，由此产生的是支撑反作用力、被动力、外力。

此外，要增强步法的灵活性，还有赖于反应和判断能力的提高，这方面除采用有效的训练手段外，很大程度上还取决于运动员视觉和听觉的敏锐。善于从对方的击球动作、拍面角度、发力方向以及击球的声音等方面迅速辨别来球落点和旋转的变化，这样能使步法移动更及时灵活。

（二）步法的运用

乒乓球快速多变，在来回连续击球的过程中，看起来运动员的步法移动似乎有点乱，其实，运动员的步法移动还是有一定规律的。为了便于学习，一般把步法的运用分为两类。

1. 攻球类打法的步法运用

（1）回击近网短球的步法。

①回击右方近网短球时，一般以右脚单步上前，用正手回击。在站位离网较远时，则可用跨步。

②回击中间近网短球时，一般以左脚单步上前，用正手回击。

③回击左方近网短球时，一般以左脚左向前方上步用反手回击。

（2）侧身进攻步法。

①单步侧身：单步侧身移位较快，但移动幅度很小，只有来球落点在身体中间偏右时，才用这种步法进行侧身攻。

②跨步侧身：跨步侧身移位速度虽不如单步侧身快，但移位的幅度比单步侧身大，快攻打法较多采用这种步法突击，找到机会扣杀。跨步侧身前，一般常用小碎步过渡。

③跳步侧身：跳步侧身移位速度比单步侧身和跨步侧身慢些，但移位的幅度比单步侧身、跨步侧身大，有利于正手猛烈的攻球。弧圈选手采用较多，快攻打法在侧身扣杀时也运用这种步法。跳步侧身前，一般常用小碎步过渡。

（3）从左到右及从右到左的步法。

①攻球类打法不论是从左到右或从右到左的移位，根据来球角度大小通常用单步、跨步、跳步、并步、交叉步以及小碎步，应以来球的情况加以运用。

②在结合运用上述几种步法时，进攻打法较多采用小碎步结合跨步跳步向左、右两侧移动。

③运用交叉步向左、向右做大幅度移位后，继续以交叉步向相反方向移位的比较少。一般是在交叉步移位后，先以小碎步调整位置，然后再用单步或跳步移位。

④运用单步结合单步向左右移位的情况较少，而以单步向侧前方上步后再以跳步向侧后方移位的较多。

2. 削球打法的步法运用

（1）回击近网短球的步法（右手持拍为例）。

①削球运动员在接发球或在近台接短球时，多用单步或跨步移位；

②在中远台接近网短球时，多采用并步或交叉步移位。

（2）从左到右及从右到左的步法。

①削球打法不论是从左到右还是从右到左的移位，通常都把单步、跨步、跳步、交叉步结合起来，根据来球的不同情况加以运用。

②在结合运用上述几种步法时，若是小范围的移位，多用单步和并步结合的方法。若进行大范围的移位时，则较多运用并步和并步结合的方法。

③运用交叉步向左或向右大幅度的移位后，继续以交叉步向相反的方向移位的情况比较少，而先以跳步或并步调整位置，然后再以单步或并步移位的情况较多。

（3）从前到后和从后到前的步法。

①从前到后移位时，一般采用单步跨步后退去回接同方向来球；用并步或跳步后退去回接异方向的长球。

②遇到速度很快或角度较大的来球，则运用交叉步后退去回接。

③从后到前移位的方法同回接近网短球。

（4）削追身球的步伐。

①遇到中间偏左的来球时，采用跨步向右的移位用反手回击。

②遇到中间偏右的来球时，则采用单步向左后移位用正手去回击。

（三）步法训练方法

1. 发展步法移动能力的专项训练法

（1）先练单一步法，后练结合步法。

（2）徒手练习，以熟悉个人打法所常用的主要步法。

（3）两人对练（不用球）。主练者根据对方口令做相应的步伐移动。以提

高反应和判断能力。

（4）根据个人打法特点，有针对性地安排步法练习内容（如采用多球方法进行步法训练）。

2. 发展步法移动能力的专项素质训练法

（1）单足跳训练（测速度，测远度）。

（2）双足跳训练（左右、前后连续跳，或跳跃适当高度和障碍物）。

（3）蹲跳训练。

（4）负重半蹲跳。

第七章
高校乒乓球技术教学与训练技巧

乒乓球运动是隔网对抗类运动项目，其制胜的核心因素是乒乓球技术和战术，而技术又是战术的基础，因此在高校乒乓球教学中要特别重视技术教学。为全面提高大学生的乒乓球技术素养，并为乒乓球战术教学打好基础，本章主要从乒乓球技术原理、基本技术与组合技术动作方法指导以及技术的实战运用技巧等几个方面指导乒乓球技术教学工作的开展，使学生深入理解乒乓球技术原理，熟练掌握乒乓球技术，并在实战中灵活运用各项技术来取得胜利。

第一节　学习和掌握乒乓球技术原理

一、乒乓球击球技术的结构解析

完整的乒乓球击球技术包括如图 7 - 1 所示的几个环节，它们构成了完整的乒乓球击球技术，下面简要分析各个要素。

（一）选位

乒乓球击球技术中，最开始的阶段是选位，运动员在对适宜的击球位置加以选择的时候，要先明确自己即将采用什么击球方式，所选的位置要为接下来的击球提供方便。

乒乓球比赛是一个动态过程，场上瞬息万变，因此乒乓球运动员的位置并不是固定的，即使最初已经选好了击球位置，在比赛中还是要根据来球的变化而调整位置的，这就对乒乓球运动员预判来球的能力提出了一定的要求，预判的内容包括来球的速度、旋转性质以及落点。预判后根据需要快速移动来改变击球位置，然后在最佳位置上采用最佳击球方式。

（二）引拍

选好击球位置后，接下来的环节就是击球准备动作——引拍。引拍是否合理，直接关系到能量储备是否充足，功能性准备是否已经做好，只有能量充足，做好充分的功能性准备，才能更好地为之后的正式击球提供便利，提高击球质量。因此，合理引拍非常关键。引拍时要特别注意角度与幅度两个因素，它们直接关系到是否能够有效击球和击球质量是否理想的问题。在乒乓球比赛中，运动员的身体重心是不断变化的，这会对引拍动作起到控制效果。

（三）迎球挥拍

引拍动作完成后，手臂固定在一定位置，从这时起到球拍将来球击中为止的过程就是迎球挥拍。这个动作阶段的核心是运动员持拍手前臂快速收缩，为了使挥拍更加稳定，提高挥拍质量，运动员还需要根据来球情况调整身体重心。

（四）击球

击球技术的整个结构体系中，核心环节便是球拍触球回击。选位、引拍、挥拍都是击球的准备工作，都是为了高质量地完成这一环节的动作。乒乓球运动员通常选用的触球方式既有摩擦也有撞击，而且在击球时身体各部位协同配合，共同发力，这有效促进了击球稳定性和质量的提升。

（五）随势挥拍及动作还原

在击球技术的完整过程中，最后的阶段就是随势挥拍和动作还原。

随势挥拍：这个动作直接关系到击球弧线的形成，完整的击球动作必须要有这个环节，完成好这个动作有助于有效实现预期的击球效果。

动作还原：这是保障击球连续性的必要动作，只有先还原身体重心和击球动作，重新调整准备姿势，才能更好地完成接下来的击球。

二、乒乓球技术的要点

（一）力量

在乒乓球运动中，击球力量是击球速度和球在空中旋转的基础，球在空中的飞行速度和旋转又直接反映出击球力量的大小。运动员运用球拍对球体施加力量后，在瞬间球拍与触球点相互作用，从而使球的运动方向、飞行速度发生

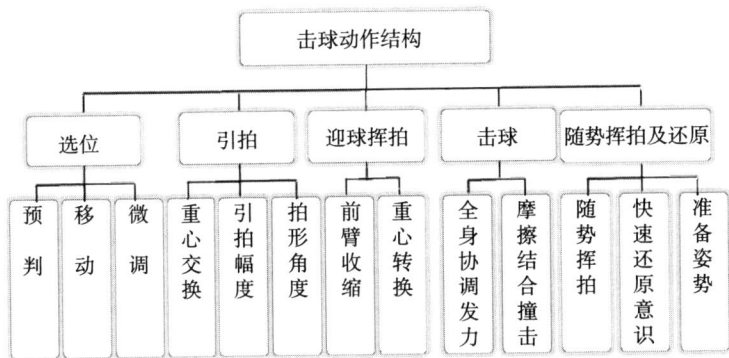

图 7-1　击球动作结构①

了改变。从物理学的角度来看，球拍质量与挥拍加速度二者之积就是击球力量。提高挥拍加速度是增加击球力量的重要方法。

（二）速度

乒乓球运动的击球速度主要由以下两个因素决定。

第一，还击来球的时间。在击球力量一定时，还击来球时间的长短直接影响击球速度。二者成反比，即这部分时间越短，速度越快，这就是运动员通过打球的高点期来加快速度的原因。

第二，击球后球的空中飞行时间，它与击球速度成反比，即这段时间越短，击球速度越快，这就是乒乓球运动员击球时加大击球力量以缩短球的飞行时间，从而加快速度的原因。

（三）旋转

球产生旋转的基本原因在于摩擦力，即球拍触球后产生的与拍面平行的力。与球旋转向反的一种运动状态是球平动，而球平动的基本原因在于前进力，也就是球拍触球后产生的与拍面垂直的力。前进力和摩擦力是击球时作用力的两个分解力量，它们的产生与力臂有关，也就是击球时力的作用线与球心的垂直距离。力的作用线与球心之间有距离，说明作用线并没有通过球心，而如果通过球心，就不会产生力臂，也就不会产生旋转。

（四）弧线

乒乓球运动中，球的飞行弧线主要受以下两个因素的影响。

① 兰彤. 乒乓球正手击球技术原理阐释［J］. 体育研究与教育，2016，31（03）：74-81.

第一，球的出手角度（指球飞行弧线的切线与水平面的夹角）。击球时的拍面角度、发力情况、来球旋转情况都会影响球的出手角度。

第二，球的出手速度（指球离开球拍时的瞬时速度）。乒乓球运动员的击球力量决定了球的出手速度。

以攻球为例来解释球的出手速度与出手角度对球飞行弧线的影响。球的出手角度不足 $45°$ 时，出手速度与弧线曲度成反比，速度越大，曲度越小。球的出手速度固定不变时，出手角度与弧线曲度成正比，角度越大，曲度越大。

（五）落点

作为综合性概念的落点既是乒乓球技术的主要构成部分，也是乒乓球战术的构成因素，同时它也是上面四个要素的集中体现和综合反映。在乒乓球运动中，要通过控制落点来取得好的技术效果和战术效果，就要对力量、速度、旋转及弧线四个因素之间的关系进行综合处理。

第二节　高校乒乓球基本技术教学

一、握拍技术教学指导

（一）直握法

以日式弧圈球握拍法为例。拇指紧贴拍柄左侧，食指扣住拍柄。正手拉球时，中指和无名指伸直，以第一指节握住球拍；反手推挡时，食指内扣得深一些，拇指放松（图 7-2）。

图 7-2　直握法

（二）横握法

中指、无名指和小指握住拍柄，拇指在球拍正面，食指在球拍反面，虎口轻贴球拍。正手攻球时，食指压拍，与中指控制拍形，共同传递击球力量，并利用食指制造弧线以辅助发力（图 7-3）。

图 7-3 横握法

二、基本步法教学指导

（一）单步

以一脚为轴，另一脚向不同方向移动，身体重心也随之移动，最后都是移动脚支撑重心（图 7-4）。

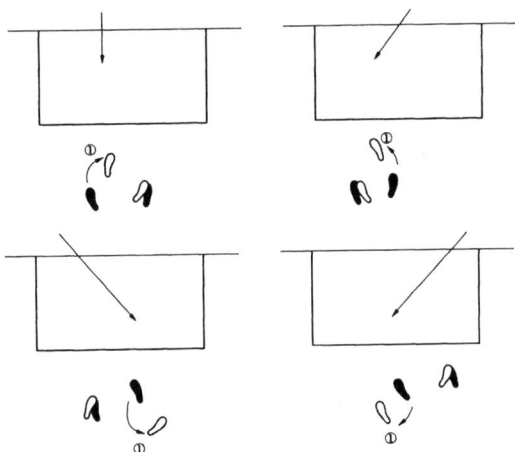

图 7-4 基本步法教学指导——单步

（二）跨步

一脚蹬地，另一脚向目标方向移一大步，蹬地脚随之移动半步，最终重心落在移动脚（图 7-5）。

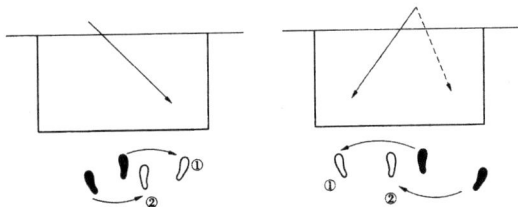

图 7-5 基本步法教学指导——跨步

（三）并步（滑步）

一脚移动一小步并向另一只脚，落地后，另一脚立即向来球方向移一步（图7-6）

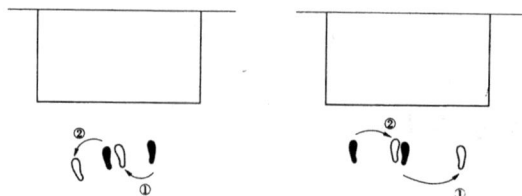

图7-6 基本步法教学指导——并步（滑步）

（四）交叉步

与来球方向相反的脚移动一步与另一脚交叉，落地后，另一脚立刻向来球方向移动（图7-7）。

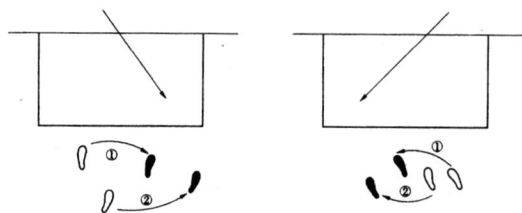

图7-7 基本步法教学指导——交叉步

（五）跳步

与来球方向相反的脚用力蹬地，两脚同时跳向来球方向（图7-8）。

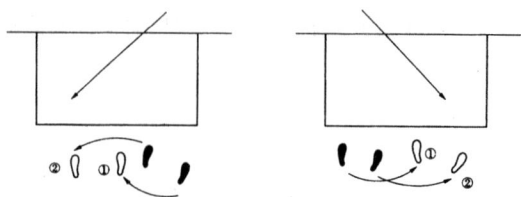

图7-8 基本步法教学指导——跳步

三、发球技术教学指导

(一) 反手发急下旋球

拍面稍微后仰，手腕抖动发力向前下方弹击，触球时微转，增强下旋力，争取使球的第一落点靠近本方台区端线（图7-9）。

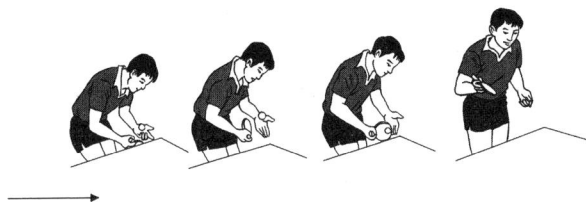

图7-9 反手发急下旋球

(二) 侧身正手发低抛左侧上、下旋球

1. 侧身正手发低抛左侧下旋球

用拇指用力压拍，从球的右侧中下部向左侧下部摩擦（图7-10）。

图7-10 侧身正手发低抛左侧下旋球

2. 侧身正手发低抛左侧上旋球

食指稍用力压拍，从球右侧中下部向左侧面摩擦球（图7-11）。

图7-11 侧身正手发低抛左侧上旋球

四、接发球技术教学指导

（1）接上旋球（奔球）：以正反手攻球、推挡等方式回击，将球的中上部作为击球点，调整向前的力。

（2）接下旋长球：通过搓、削、提拉等方式回击。

（3）接左侧上（下）旋球：以攻球、推挡等方式回击，将球的偏右中上（中下）部位作为击球点。

（4）接右侧上（下）旋球：以攻球、推挡等方式回击，将球的偏左中上（中下）部位作为击球点。

（5）接转与不转球：如果还未来得及判断或判断模糊，可轻轻托一板或撇一板，但要对弧线和落点进行重点观察。

（6）接高抛发球：如果球着台后拐弯程度大，注意提前向拐弯方向引拍。

五、推挡球技术教学指导

（一）挡球

以右手为例，挡球时，两脚左右开立，击球前，前臂伸向来球方向。触球时，借助来球的反弹力将球挡回。在上升期，击球的中间部位，拍形与台面几乎垂直。击球后，快速收拍还原。

（二）加力推

准备时，前臂向后收，调整拍形角度，在上升期后段或高点期击球中上部。击球时，固定好拍形，手腕不加转动（图7-12）。

图7-12 加力推

（三）推下旋

准备击球时，避免手腕外转，用拇指压拍，拍面稍后仰，在上升期后段击球的中下部位。推击时要适当增加向前和向下的力量（图 7 - 13）。

图 7 - 13　推下旋

六、攻球技术教学指导

下面主要分析两种正手攻球技术。

（一）正手扣杀

视来球长短调整站位，随腰部转动，手臂向后引拍，加大击球力量。手腕与手臂一起向前向下发力，击球中上部位。然后迅速还原（图 7 - 14）。

图 7 - 14　正手扣杀

（二）正手快带

左脚在前，右脚在后，身体稍向右转，持拍手向后引拍，手臂随腰和髋的转动迎前带击，手腕不动，以借力为主，在球的上升期击球的中部或中部偏右，击球后及时调整重心，并还原（图 7 - 15）。

图 7-15　正手快带

七、弧圈球技术教学指导

下面分析两种常见的正手弧圈球技术。

（一）正手高吊弧圈球

左脚在前，右脚在后。准备击球时，持拍手向后下方引拍，使拍形固定。即将触球时，手腕向前上方加力，腰部与下肢协调用力，在球的下降期摩擦球中部或中上部。击球后迅速还原，重心落在左脚（图 7-16）。

图 7-16　正手高吊弧圈球

（二）正手侧旋弧圈球

左脚在前，右脚在后。拍面略向右倾，在球的下降期，上臂带动前臂和手腕，用球拍摩擦球的右中部或右中上部，击出右侧上旋（图 7-17）。

图 7-17　正手侧旋弧圈球

八、搓球技术教学指导

以正手慢搓为例。

右脚在前，左脚在后，击球时，持拍手向前上方用力，同时外旋转腕，在球的下降后期摩擦球的中下部。前臂在击球后保持不动（图7-18）。

图7-18　搓球技术教学指导

九、削球技术教学指导

（一）削追身球

来球在身体偏右侧时，向右上方引拍，在球的下降前期击球中部或中下部，前臂用力向下压球，控制球的弧线。击球后，手臂随挥并快速还原（图7-19）。

图7-19　削追身球

（二）接突击球

用单步或跳步后退并提拍上举，两眼目视来球，前臂协同身体重心向下用力，下切快截。手腕发力控制好拍形（图7-20）。

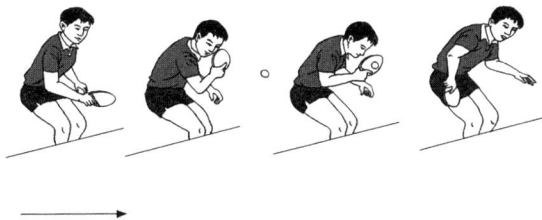

图7-20　接突击球

第三节　高校乒乓球组合技术教学

一、手法步法的组合技术

（一）横向连续进攻

连续在横向位置上进攻 3 点，一般通过单步或小跳步移动。

（二）纵向连续进攻

连续在纵向上进攻，不断调整前后步法，手脚协调配合，一般通过单步、跨步移动。

二、发球抢攻组合技术

（一）发平击球结合正手攻球

为了给第二板攻球创造机会，可以发急球，要发出高质量的平击球，确保发球弧线低、平，速度急、快，使球的第一落点靠近本方球台端线。由于平击发球时，球在空中运行的弧线长、冲力大，所以对方很难以通过制造强下旋和强上旋回击，这有利于本方攻球。

（二）反手发下旋球结合正（反）手位拉球

反手发下旋球后，对方回球的落点在本方正（反）手位，采用单步或跨步的步法移动，拉斜线或直线球回击。

（三）反手发下旋球结合侧身拉球

反手发下旋球后，对方回球的落点在本方反手位，采用跨步或跳步的步法移动，侧身位拉斜线或直线弧圈球。

（四）正手侧身位发下旋球结合正手拉球

发下旋球时要转且稍出台，对方回击略带下旋的球，回球的落点在本方正手位，采用跨步或小交叉步的步法移动，拉斜线或直线弧圈球来回击。

（五）正手侧身位发下旋球结合侧身拉球

发下旋球要转且稍出台，对方回略带下旋的球，回球的落点在本方反手位，采用跨步或跳步的步法移动，侧身位拉直线或斜线球以回击。

三、搓攻组合技术

（一）反手搓球结合正手拉（攻）球

这一组合技术包含反手近台下旋搓球、正手中近台（攻）球，不仅体现了正反手的结合，还体现了中台近台的结合，是比赛中比较常用的组合技术。步法直接影响技术结合运用的效果。只有步法到位，才能保证选择的击球点合适、击球姿势和手法正确。

搓球时，尽可能满足低（弧线）、转、短（落点）三点要求；拉球时，尽可能满足低（弧线）、长（落点）、强（旋转）基本要求。

（二）反手搓球结合侧身拉（攻）球

反手搓结合侧身拉（攻）时，采用跳步的步法，如果时间来得及，也可以采用并步。

在进攻有难度时，反手搓一板用来过渡，通过侧身拉（攻）来获得主动权。侧身拉（攻）时要让出足够的位置，同时要做好扑正手位空当的准备。

第四节　高校乒乓球实用技术训练技巧

一、实用发球技术训练技巧

以正手侧上、下旋发球为例。

（一）实战意识

第一，让对方对于来球是侧上球还是侧下球产生模糊判断，从而无法准确接球，出现失误。

第二，迫使对方回击质量较差的球，从而给自己制造机会。

第三，迫使对方在本方的预测内或按照本方的意图接发球，而本方可以打出自己擅长的球。

第四，防止对方获得主动权，这是正手侧上、下旋发球实战应用的最低要求。

（二）运用方式

1. 线路落点变化

在实战中要根据对手情况来决定采取什么发球方式以及如何运用所选的发球方式。下面分析在三种常见情况下如何完成正手侧上/下旋发球。

第一，若对方步法移动不及时、不灵活，考虑大角度发球，增加对方移动范围，使其移动不及时而出现失误（图7-21之①、②、⑤）。

第二，若对方正手击球，且有较强的进攻性，则选用击短球的方式使对手的进攻受到限制（图7-21之②、③、⑤）。

第三，若对手左手持拍，可以考虑朝向对方正手大角度进行斜线大角度发球（图7-21之④）。

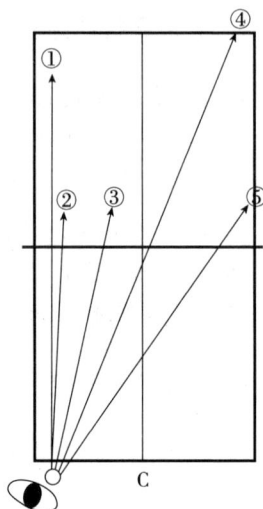

2. 旋转变化

第一，若对方反手搓球或推拨球的技术水平

图7-21 线路落点变化

不高，或推拨能力差，那么本方可向对方反手位发侧下旋球，迫使对方接球出界。

第二，如果对方正手挑打侧上旋压不住球时，则主要采取的战略是发近网中路侧上旋短球，使对方挑打时出现球出界的现象。

第三，若对方接反手位发球、侧身抢攻上旋球的技术能力比较强时，本方可发侧下旋球，这样对方在侧身抢攻时容易出现击球下网的现象。

3. 速度变化

正手侧上、下旋发球的球速都比较快，向两个大角发长球的速度更快，采用这些发球方式可以将对方接台内球的节奏和习惯打破。发近网球时，虽然速度不太快，但因为角度大，对方移动范围大，所以给对方接球增加了难度。

在正手侧上、下旋发球中，要将弧线尽可能压得低一些，这样既能提高速度，又能使对方无法顺利实施上手挑打近网球的回击战术。

二、实用接发球技术训练技巧

以推（拨）接球技术为例。

（一）实战意识

第一，对来球情况进行准确判断，伺机果断实施具有速度优势的推（拨）接球技术。

第二，在实施推（拨）来球技术时，要将接发球的线路和落点明确下来，旨在将对方控制住，为本方既定战术的实施提供便利，并尽可能达到直接得分的目的。

（二）运用方式

1. 接球

对来球性质进行判断，若来球非旋转球，采用更具有主动性的推（拨）接球技术。不推时，立起球拍，避免前倾，推下旋接球时，动作向前偏向上。拨接时，球拍稍前倾，利用摩擦力控制弧线曲度。

面对对方发来的侧上旋球，对拍面方向进行调整，预防接球出界。若对方是正手发球，面向对方右方调节拍形，若对方是反手发球，则要面向对方左方调节拍形。对拍面方向进行调整时，注意球拍前倾的适宜性，以能够将弧线压住，且预防回球过高或出界为主。来球的旋转性能影响本方调整球拍的前倾角度，来球上旋程度和本方球拍前倾角度成正比，旋转越强，前倾角度越大，而且要适当多向前一些完成挥拍动作。

2. 回击

（1）线路落点变化

回击高质量的球，要树立变线和压大角的意识。采用推（拨）接发球技术时，要对对方正反手的技术实力和其他情况进行综合判断与分析，从而做出推直线或推斜线大角的决定。若对方正手攻球实力较强，但步法不灵敏，而且对方在侧身位发球时正手位有较大空当的情况下，本方适宜推接直线球（图7-22）。

对对方的技术、站位、步法进行判断，只要有两个方面暴露缺陷，就可以通过调整线路落点来打出高质量的回击球。

（2）速度变化

要干脆利落地完成推（拨）接球以体现出其速度优势。如果回击不够"突然"，那么失去速度优势的回击不会给对方带来威胁。

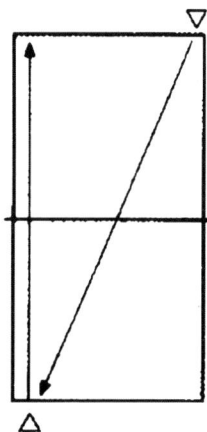

图7-22 线路落点变化

三、实用进攻技术训练技巧

（一）正手攻球技术

1. 实战意识

（1）不管是发球，还是接发球，都要控制好出球，提高速度，迫使对方仓促回球对自己来说是进攻的好机会。

（2）观察与了解对方的弱点，将专门攻克对方薄弱环节的技战术放到一个体系中，在实战中根据对方暴露出的缺陷从体系中选择适宜的技战术。

（3）坚持扬长避短的准则，尽可能将自己的特色与优势发挥出来，以自己擅长的正手攻球技术为主要进攻技术，其他技术为辅助进攻技术。以己之长攻彼之短。

2. 运用方法

（1）击球位置在左半台时，用推挡控制，寻找机会进行正手进攻。

（2）合理移动脚步，步法移动与击球动作要协调完成，左脚蹬地，右脚向侧方向大步跨出，同时引拍，右脚跟着地后挥拍击球。

（3）合理控制引拍幅度，移步时顺势转腰。打直线和打斜线时，击球点不一样，前者在身体侧面，后者在身体侧面偏前位置，而且击球时间也不一样，前者击球时间稍晚，后者稍提前。

（二）弧圈球技术

1. 实战意识

（1）弧圈球技术的优势在于旋转，要积极利用这类技术对旋转的适应性来创造良好的进攻机会。

（2）以弧圈球技术为进攻手段时，明确正手弧圈球、反手弧圈球的主体和辅助地位。

（3）合理衔接弧圈球技术和其他技术，根据需要综合运用不同进攻技术。

2. 运用方法

（1）选择弧圈技术打法时，用搓球技术对对方施加控制，从而迫使对方打出机会球。

（2）观察来球的旋转性质，及时移动脚步、转腰、引拍，一气呵成，并根据观察和判断来决定击球力量的大小，将引拍幅度控制好。如要力量大，通常转腰引拍幅度也大。

（3）并步时，挥拍拉球，抓紧时间将回接的线路确定下来。

（4）若对方侧身位进攻技术水平较差，本方以打搓拉战术为主，从而等待进攻机会。

（三）连续进攻组合技术

以正手拉球、扣杀的组合技术为例。

1. 实战意识

（1）正手拉球、扣杀的组合技术在速度上占优势，所以在实战中要发挥这一制胜优势。

（2）和旋转球对速度、落点的要求相比，拉球的要求更严格一些，即速度快，落点变化多，也就是说要求拉球要"突然"一些。

（3）高质量完成拉球、扣杀的组合技术，会给对方造成严重的打击，容易使对方回接球时表现不理想。

2. 运用方法

（1）正手拉下旋时，击球位置离球台较近一些，所以不适合采用幅度过大的动作，要将拉出速度、控制进攻落点作为重点对待。

（2）若对方以防守为主时，寻找机会球，伺机正手扣杀。

（3）如果对方以削球为主，本方的拉球扣杀组合技术就要连续使用了，而且为了迫使对方打出机会球，也可以将拉球、摆短结合起来运用。

第八章
高校乒乓球战术教学与训练技巧

在乒乓球实战比赛中，对战术的合理运用是充分发挥技术作用的关键。在乒乓球教学与训练中，只有带着强烈的战术意识去学习与练习，才能真正将实用的技术熟练掌握好。乒乓球技术与战术密不可分，技术是战术的基础，反过来先进的战术也会促进技术水平的提高，因此在高校乒乓球课程教学中，要将战术教学重视起来，并将其与技术教学结合起来，以有效培养大学生的技战术水平以及在实战中灵活运用技战术的技巧能力。本章主要就高校乒乓球战术教学与训练技巧展开研究，主要内容包括学习和掌握乒乓球战术原理、制定乒乓球战术需要考虑的因素、高校乒乓球单打战术和双打战术教学以及乒乓球战术意识与技巧的训练。

第一节　学习和掌握乒乓球战术原理

一、乒乓球战术的概念

乒乓球战术指的是乒乓球运动员在比赛中根据双方情况对自己的体能合理分配，将自身的特长技术充分发挥出来以制约对方，且以战胜对手为目的而采用的合理计策与有效行动的总和。①

二、乒乓球战术的内容

（一）战术指导思想

在乒乓球战术结构内容体系中，指导思想居于核心地位，指导思想是否正

---

① 苏丕仁. 乒乓球运动教程［M］. 北京：高等教育出版社，2004.

确，直接决定了战术行动的针对性与实效性是否很强，进而决定了比赛成绩。

（二）战术知识

战术知识包括战术的分类、表现形式、发展趋势、运用条件与实施原则等与战术有关的丰富知识，掌握好这些知识，能够为科学制定与有效实施战术方案奠定良好基础。

（三）战术意识

对乒乓球运动员来说，战术意识非常重要，只有具备较强的战术意识，运动员才能在变化莫测的复杂比赛环境中灵活应对，迅速调整自己的状态，实施对自己有利的战术行动。

（四）战术行动

战术行动指的是具体的打法、动作和一系列配合，要将战术方案落实到实战中，实现预期战术意图，必须付诸战术行动。乒乓球运动员的战术行动并不是盲目的，而且有特定目的的，为达到目的而采取战术行动，这对乒乓球运动员的心理素质、技术能力提出了较高的要求。

三、乒乓球战术的特征

（一）思维与行动的统一性

乒乓球战术既是思维方法的范畴，也是行为方法的范畴。

首先分析作为思维方法的战术，它包括战术指导思想、战术意识、战术理念等内容。乒乓球运动员在实战中要实施某种战术方案，完成具体的战术行动，都要以战术指导思想为准则，战术方法的使用效果直接受到战术指导思想的影响。乒乓球比赛环境复杂多变，运动员既要将既定战术发挥出来，又要根据赛场情况灵活采取新战术，而运动员能否做到这一点，与其战术意识的强弱有关。乒乓球运动员的战术理念是否先进，决定了其在实战中采取战术行动的态度与决策。

简单来说，作为行为方法的战术主要包括各个比赛阶段中的具体打法和配合行动。

乒乓球战术既是思维方法，也是行为方法，二者有密切的关系，一般用"决策和实施决策"来解释这种关系。二者的关系在赛场上呈现出以下几方面

的特征。

首先，乒乓球比赛场上形势瞬息万变，因此运动员必须快速形成相应的战术思维，战术行为也必须快速完成，这就是说要在瞬间内完成决策并实施决策。

其次，乒乓球运动员在比赛中的决策并不是从众多决策中精心挑选出来的，因为比赛时间紧迫不允许运动员进行长时间的思考与选择，他们最终的决策都是"只能这样"的唯一选择。

最后，乒乓球战术既具有逻辑性，又具有直觉性，虽然乒乓球运动员在比赛中选择战术都是瞬间的决定，但是在比赛之前就经过缜密的思考构建了战术体系，战术体系中每个战术都是运动员结合实战经验进行逻辑思考的结果。但如果比赛形势出乎意料，超出运动员的预测，运动员就会凭借直觉思维的引导而采取战术行动，这就是乒乓球战术的直觉性。乒乓球战术的直觉性增加了乒乓球战术意识培养的难度。

（二）计划性与可变性

一些重大乒乓球比赛的举办日期确定后，教练员与运动员为迎接比赛，都会投入一系列的准备工作中，其中制定战术计划就是准备工作中非常重要的一个内容。经验丰富的教练员与运动员尤其重视对战术计划的制定。在战术计划的制定中，制定者会根据自己了解的信息估计对方竞技实力，同时对比赛环境、条件等客观因素做出判断。运动员是否科学制定战术计划一定程度上对比赛中战术运用效果及比赛成绩有直接的影响。

任何计划都是根据预测拟定的，但乒乓球比赛中总会出现一些事先无法预料的形势，即使计划再详细，再周密，也会与瞬息万变的乒乓球比赛实况有差别。面对意料之外和计划之外的事件，要灵活调整计划，随机应变，而不能机械性地实施原计划，否则就会严重影响技战术的发挥和比赛成绩。

鉴于乒乓球战术既有计划性，又有可变性，在战术计划制定中要做到以下两点要求。

第一，发挥自己的优势，用自己的长处攻对方的短处，同时限制对方发挥自己的长处，这就需要运动员在制定计划时对彼方情况及自身长处有充分的了解，使战术计划具有可靠性、客观性和针对性。

第二，制订计划时要留下一定的调整空间，弹性化地实施计划，因为比赛现场情况复杂多变，所以要根据实际情况灵活调整计划，使计划与场上情况基本相符，这样才能充分发挥战术的功效，同时也能使运动员的创造性和应变能力得到提升。

第二节 制定乒乓球战术需要考虑的因素

乒乓球教练员或运动员制定乒乓球战术时，需要对以下四个方面的要素予以考虑。

一、考虑战略决策因素

乒乓球战略决策与战术决策有着密切的关系。参加乒乓球比赛时，针对比赛中的全局问题所进行的决策就是所谓的战略决策。决策者是否了解比赛的全局问题，直接决定了战略决策的水平。要提高战略决策的水平，就要求决策者全面深入地分析比赛的全局问题，包括比赛的赛制、参赛者数量、如何记录比分成绩与排名、比赛中常见问题及解决方案、采取何种战术打法等。

乒乓球战术决策是决策者针对比赛中的局部问题或具体情况而进行的决策，如确定好以进攻为主或以防守为主的打法后，进行如何进攻或如何防守等有关具体方法的决策。

乒乓球战略决策具有宏观性质，稳定性较强，而战术决策具有微观性质，稳定性相对较差，而灵活性较强。要实现战略决策，必须先实施战术决策。

二、考虑乒乓球竞赛规则与规程

乒乓球竞赛规则与规程对乒乓球战术的制定既有引导作用，也有制约效果。例如，利用规则中关于轮换的规定调整战略与战术，以提高运动员体力与能力分配的效率。

三、考虑对手情况

"知己知彼，百战不殆"，制定乒乓球战术，必然要收集关于对手的重要信息，信息尽可能准确、全面，并及时更新信息，全面掌握这些有价值的信息有助于制定能够在比赛中发挥出巨大作用的战术计划。

在不同层次、不同水平以及不同规模的乒乓球比赛中，搜集、整理与分析对手的情报都是必须的，为了提高收集效率，减轻这一环节的工作负担，在信息的收集中要明确哪些是主要信息，优先收集主要信息，如对手是谁，竞技能力

如何，以往比赛成绩如何，个人风格是什么，攻防上有哪些特点，比赛节奏如何，教练员是谁以及执教能力如何，等等。在充分掌握了关键信息的基础上，可以从正面或侧面了解一些附属信息，以全面地进行评价与预测，制定出完备的战术。

四、考虑环境因素

在乒乓球比赛中，除了运动员自身的主观因素会影响比赛成绩外，比赛环境、条件等客观因素也会对运动员的发挥及成绩带来重要影响。因此在乒乓球战术的制定中要充分考虑比赛场地、观众、裁判、气候等环境因素，尽可能实现天时、地利、人和的统一，充分利用良好的环境因素来提高比赛成绩，并有意识地预防不良环境因素带来的负面影响。

第三节　高校乒乓球单打战术教学

一、发球抢攻战术

（一）侧上、侧下旋球结合落点变化进行抢攻

1. 左长右短
主要发侧下旋短球，结合上旋向对方右侧近网位置发球，以急下旋球为主迅速向对方左侧台区发大角度长球，给对方发力、拉或攻制造困难（图8-1）。

2. 左短右长
打法同上，方向相反（图8-2）。

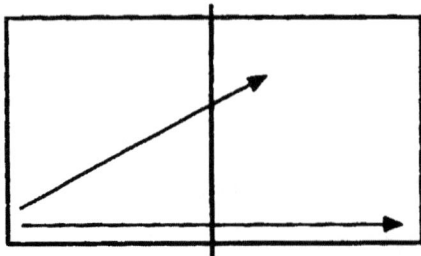

图8-1　左长右短

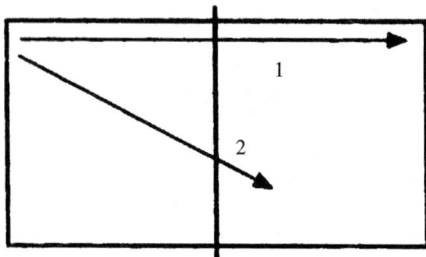

图8-2　左短右长

3. 同线长短
对付横拍削球手时，可选用这一发球抢攻战术。其中中长、中短的效果更明显（图8-3）。

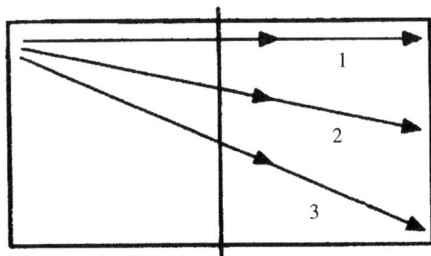

图 8-3 同线长短

（二）急球与侧上旋球、侧下旋转球相结合进行抢攻

1. 急球与上旋球、下旋转球相结合

急球与上旋球、下旋转球相结合的战术示意图如图 8-4 所示。

2. 上旋球、下旋球与急球结合发不同落点

主要发急球，配合短球。结合急球发侧上旋球或侧下旋球到不同的落点，主要方发侧上旋球或侧下旋球，配合发右角急球，正手向右角发奔球，向左角配合发急球（图 8-5）。

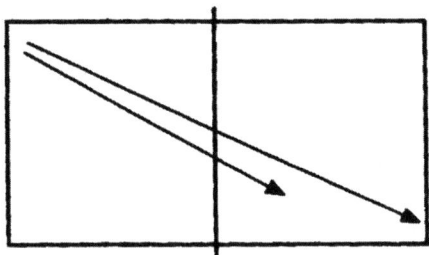

图 8-4 急球与上旋球、下旋转球相结合

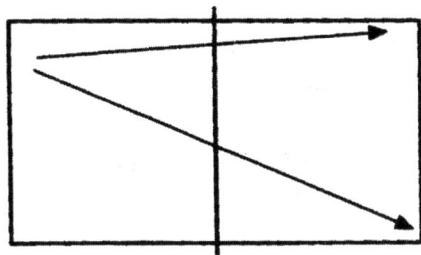

图 8-5 上旋球、下旋球与急球结合发不同落点

3. 转与不转急球配合至不同落点

发转与不转短球到对方右、中路为主。配合发长球到对方左路，伺机抢攻（图 8-6）。

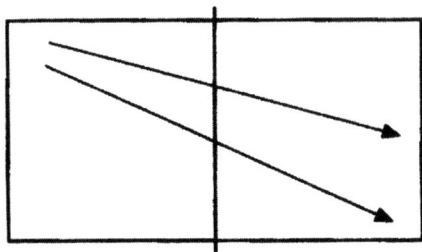

图 8-6 转与不转急球配合至不同落点

（三）转与不转结合落点变化进行抢攻

1. 转与不转发相同落点

主要发不出台球，先发转球后发不转球（也可以颠倒顺序），伺机抢攻（图 8-7）。

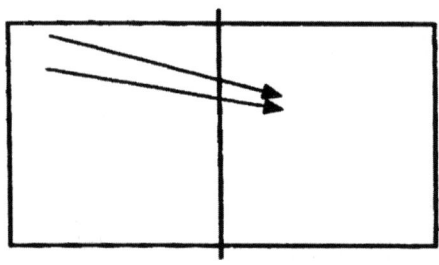

2. 转与不转发不同落点

连续发短球后，突然发长球以达到抢攻的目的（图 8-8）。

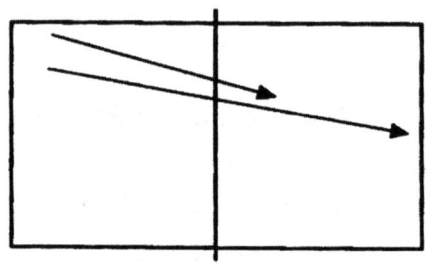

图 8-7　转与不转发相同落点

图 8-8　转与不转发不同落点

二、对攻战术

（一）攻追身战术

1. 攻两角杀中路（追身）

先向对方左、右两角进攻，再伺机中路扣杀（图 8-9）。具体要以场上实际情况为依据进行合理调整，以提高战术效果。

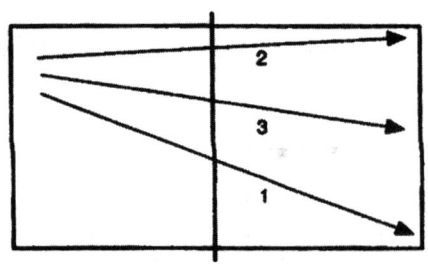

2. 攻追身杀两角

先追身攻中路，再向左角或右角扣杀（图 8-10）。

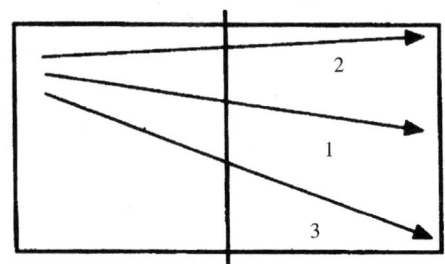

图 8-9　攻两角杀中路

图 8-10　攻追身杀两角

3. 攻追身杀追身

连续攻追身，再连续攻中路，伺机发力进行中路扣杀或向左右两大角扣杀

（图 8 - 11）。

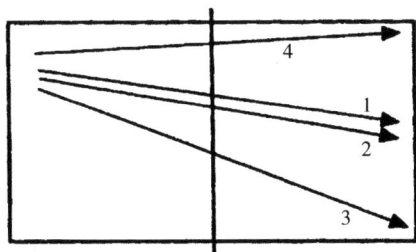

图 8 - 11　攻追身杀追身

（二）攻两角战术

1. 双边直线

先攻直线一角，再攻直线另一角（图 8 - 12）。

2. 对角攻击

紧压对方反手一侧的角，避免对方进攻，突然再向另一角大角度变化路线进攻（图 8 - 13）。

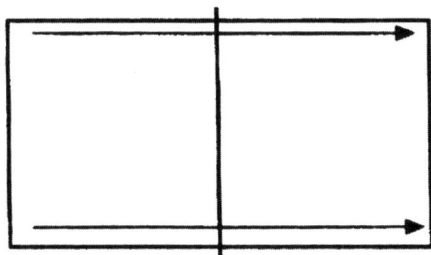

图 8 - 12　双边直线

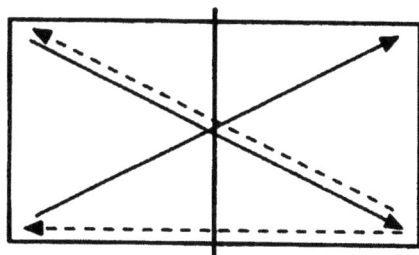

图 8 - 13　对角攻击

3. 逢斜变直，逢直变斜

逢斜变直和逢直变斜有一个共同点，即回球落在球台角上（图 8 - 14）。袭击对方空当时可采用该战术。

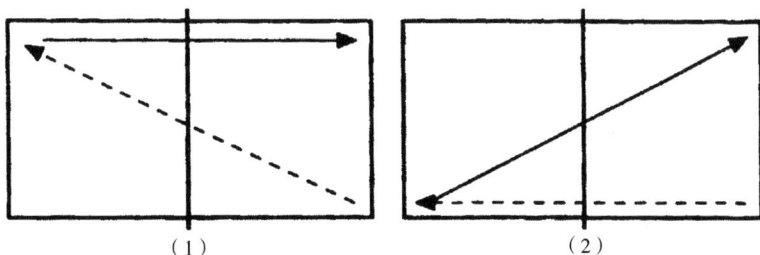

（1）

（2）

图 8 - 14　逢斜变直，逢直变斜

4. 调右压左和调左压右

（1）调左压右

如果对方左手执拍且比较擅长侧身攻，可采用调左压右战术（图 8 - 15）。

（2）调右压左

如果对方右手执拍，将其调到正手位，想办法迫使对方离台，然后再向反手进攻，打乱对方反手攻的意图（图 8 - 16）。

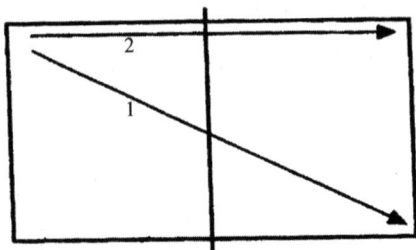

图 8 - 15　调左压右　　　　　图 8 - 16　调右压左

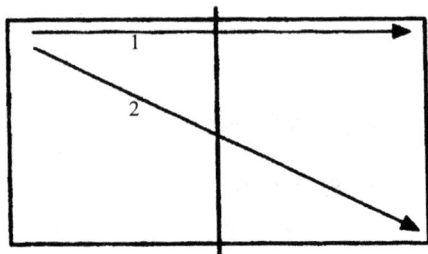

三、弧圈球战术

（一）发球抢拉战术

（1）向对方偏右或左大角反手拉急下旋球，迫使对方搓球回击，然后向对方正手位置拉前冲弧圈球（图 8 - 17）。

（2）反手向对方中路偏左或偏右发右侧上、下旋球，然后向对方左或右两大角拉前冲弧圈球（图 8 - 18）。

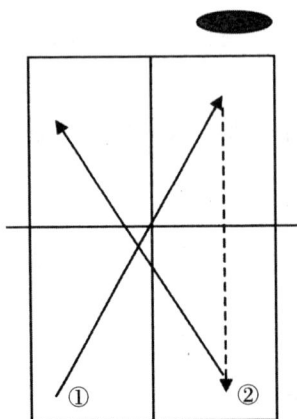

图 8 - 17　发球抢拉战术之一　　　　图 8 - 18　发球抢拉战术之二

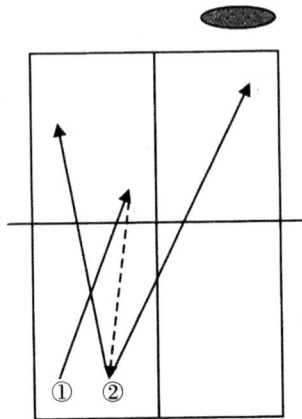

（3）正手（或侧身）向对方左侧近网处发强烈的下旋球，迫使对方搓球回

击，然后向对方反手处拉加转弧圈球（图 8-19）。

（4）采用发球抢拉战术时，要求发球速度快、落点长，迫使对方退守，然后根据对方站位和适应能力选择弧圈球技术（图 8-20）。

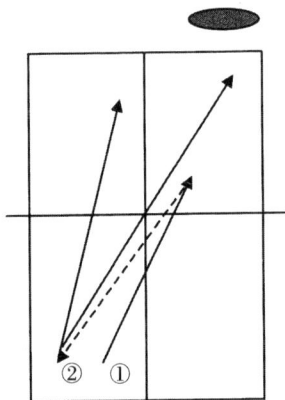

图 8-19　发球抢拉战术之三　　图 8-20　发球抢拉战术之四

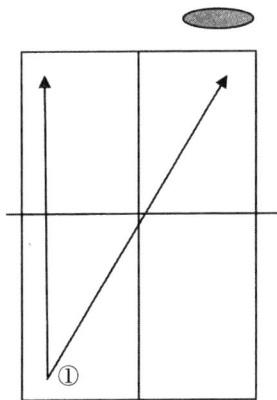

（二）接发球抢位战术

接发球抢攻战术与发球抢攻战术是相抗衡的。采用该战术是为了攻在前，打乱对方运用发球抢拉战术的节奏，争取主动权（图 8-21）。

该战术主要有以下三种情况。

（1）对方发侧下旋球或强烈下旋球时，以前冲弧圈球回击。

（2）对方发侧上旋球和不太转的球时，以前冲弧圈球回击。

（3）对方发侧下旋球或强烈下旋球时，以拉加转弧圈球回击。

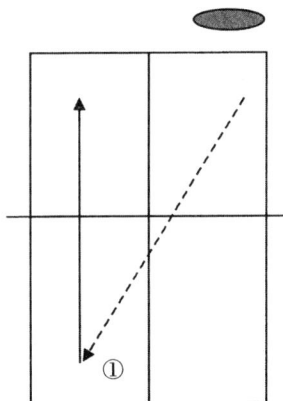

图 8-21　接发球抢拉战术

（三）对攻相持战术

（1）如果对方正手攻弧圈球水平一般，可向对方正手位连续使用拉、冲的打法，再向对方的反手位转攻（图 8-22）。

（2）左推右攻时，可先以弧圈球拉住对方左角，然后转拉对方中路靠右或对方正手位（图 8-23）。

（3）如果对方从两面进攻，采用正手位弧圈球进攻对方中路，再压对方的反手位或向对方的正手位突击（图 8-24）。

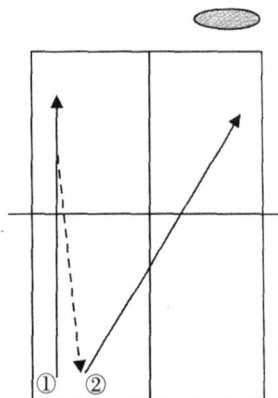

图 8 - 22　对攻相持战术之一　　图 8 - 23　对攻相持战术之二　　图 8 - 24　对攻相持战术之三

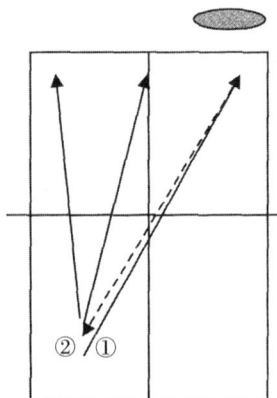

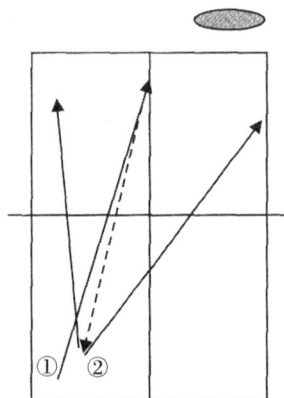

（四）弧圈球结合扣杀战术

（1）用拉加转弧圈球与不转球相结合，伺机扣杀。

（2）用前冲弧圈球进攻，迫使对方在远离球台的位置回击，然后放短球回击，再扣杀（图 8 - 25）。

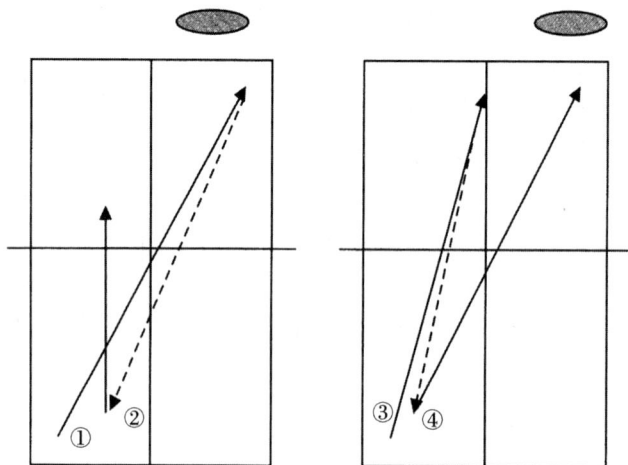

图 8 - 25　弧圈球结合扣杀战术

四、削攻战术

（一）削两角，伺机反攻

（1）连削直线，伺机反攻（图 8 - 26）。

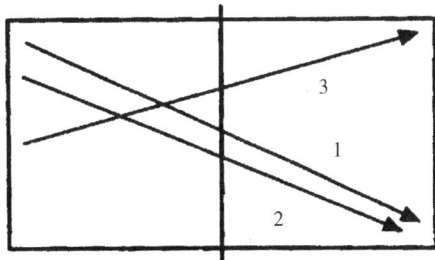

（2）连逼右角，突变左角（连逼左角，突变右角），伺机反攻（图 8 - 27）。

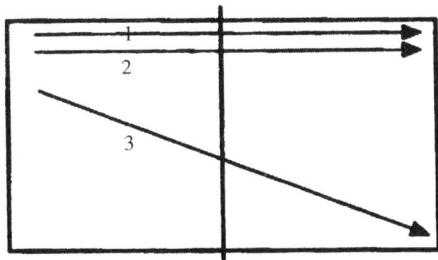

图 8 - 26 连削直线，伺机反攻　　图 8 - 27 连逼右角，突变左角，伺机反攻

（3）对角紧逼，伺机反攻。

（4）逢斜变直，逢直变斜，伺机反攻。

（二）削攻结合

（1）时削，时攻，也可连续削球，连续对攻。

（2）左削右攻或右削左攻。通过旋转、节奏的变化扰乱对方的节奏，争取主动权。

第四节　高校乒乓球双打战术教学

一、配对

乒乓球运动中几种不同打法的配对方法如下。

（1）一名弧圈球选手和一名快攻选手配对：一前一后，一快一转，相互补充。

（2）两名快攻选手或者弧圈型打法选手配对：一人左手握拍，另一人右手握拍；一人擅长近台快攻，另一人擅长远台进攻；一人擅长正手拉，另一人擅长反手拉。

（3）两名削球选手配对：一人站位稍远，主要削加转与不转球，一人站位稍前，善于逼角。两人的反攻能力应比较强。

二、步法移动

（一）"T"字形移动

一名近台站位队员和一名中远台站位队员配对时适合采用"T"字形移动

步法，近台站位队员左右移动，另一名队员前后移动（图8-28）。

（二）八字形移动

左手握拍的攻击型队员和右手握拍的攻击型队员配对时适合采用这种移动步法，两人在击球后都移动到自己反手一侧，不仅有利于发挥正手攻球的作用，而且可以保障同伴的击球空间（图8-29）。

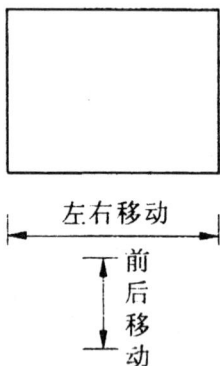

图8-28　移动步法一

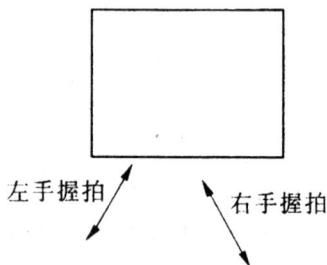

图8-29　移动步法二

（三）环形移动

两名右手握拍的队员配对时适合采用这种移动步法（图8-30）。

（四）"∞"形移动

对方主要针对本方一名队员打两角时，采用"∞"形步法移动（图8-31）。

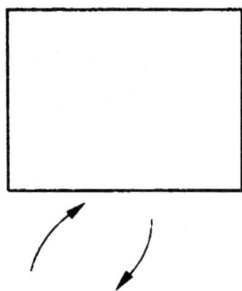

图8-30　环形移动

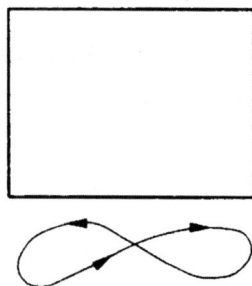

图8-31　"∞"形移动

三、战术行动

（一）发球与发球抢攻

（1）乒乓球双打比赛中，发球区固定，所以对发球方的要求特别高，应由发球技术好的队员担任第一发球员，在男女混合双打比赛中，一般由男选手担任第一发球员。

（2）发球员与同伴之间要协调配合好，用手势告诉同伴发什么球，以便同伴做出高质量的还击。

（3）近网不出台或接近中线端线是比较理想的双打发球落点，接近中线的球会使对方难以进行大角度还击。

（4）发球后要积极抢攻，如果被对方球员接发球抢攻，要准备好防御，如果难以抢攻对方的回球，不要轻易扣杀，用中等力量打对方弱点，为同伴下一板的进攻创造机会。

（二）接发球与接发球抢攻

（1）双打比赛中，接发球的难度稍小于单打中接发球的难度，而且照顾范围也不是很大，因此接发球员应利用好接发球的有利条件，伺机抢攻，争取主动权。

（2）接发球员要采用灵活多变的接发球手段，避免对方轻易抢攻。

第五节　高校乒乓球战术意识与技巧的训练

一、高校乒乓球战术意识的培养与训练

（一）战术素养的培养与提高

在高校乒乓球战术意识的培养中，首要的是培养大学生的战术素养，使其对战术相关理论知识有所了解与掌握，对战术的概念与内涵有所明确，对乒乓球的战术规律及发展趋势加以了解。一般将乒乓球战术理论知识放到高校乒乓球理论课上讲解，或者放在乒乓球实践课上讲解，将这部分知识的讲解与战术训练有机结合起来。

（二）战术思维的培养

在战术意识的构成要素中，战术思维居于核心地位，大学生战术意识的强

弱直接由其战术思维能力的高低所决定。要提高大学生的战术意识，就要先培养运动员集预见性、灵活性及创造性于一体的战术思维能力。

从乒乓球战术训练的实践出发，对大学生的战术思维进行培养，就要采取"想练结合"的手段。在日常训练中，向大学生提出集中精神，大脑与肢体并用的要求，教练员要善于设置不同实战情境下的相关战术问题，引导运动员分析问题，探索应对策略，对大学生的观察力、判断力、分析及解决问题的能力进行培养。此外，高校乒乓球教师或教练员在训练课上要抓住适当的机会播放优秀乒乓球选手的精彩比赛视频，使大学生的思维得到拓展，激励其主动学习，借鉴经验，而且教练员还要多为大学生提供比赛机会，使其比赛经验更加丰富，战术思维得到强化。在参赛过程中大学生要将日常学习与训练的内容融入进去，学以致用，并在比赛结束后客观评价自己的表现，发现自己的不足之处，然后有针对性地培养与改善。

（三）启发性思维的培养

培养启发性思维也是乒乓球战术意识培养与训练的重要内容之一。在启发性思维的培养中，通常采取的方法是组织大学生观看比赛视频或在现场观看比赛，在观赛中提出"如果你遇到这种情况会采取什么战术"及"为什么这么做"等问题，通过这种提问，可以引导大学生猜测或想象特定比赛情景，进行预判与决策，这有助于对其创造力、想象力进行培养，促进其想象力的发挥和创造力的提升。如果不具备播放多媒体视频或带领学生现场观看比赛的条件，教师或教练员可以对一场比赛中的精彩片段进行描述，启发学生猜测与想象，在大脑中勾画比赛图，然后从多个角度思考与推断，这有助于促进其战术意识的提升。

（四）良好心理素质的培养

培养运动员的心理素质与培养其战术意识密不可分，良好的心理素质有助于运动员战术意识的强化。因此在乒乓球战术意识训练中，要加强心理素质训练与培养。在心理素质培养方面，要重点培养大学生在实战中积极思考、全面分析、灵活应对、果断处理问题的能力，培养大学生勇敢果断、越挫越勇、永不言弃以及胜不骄、败不馁的良好体育道德和精神品质。在模拟实战训练中适当增加难度与干扰，以培养大学生的心理承受能力、抗干扰能力以及环境使用能力，使其以良好的心理素质投入紧张激烈的比赛中，即使面对众多的干扰与意想不到的难题，也能继续坚持下去。

（五）独特战术风格的培养

在高校乒乓球战术意识的培养与训练中，还应将培养大学生独特的战术风格作为一项重点工作，不同学生都有自己的特点，都有自己擅长的打法技术，在这一基础上建立能够体现自身特色和有利于充分发挥特长技术的独特战术体系，扬长避短，提高制胜能力。

在乒乓球日常训练中，教师要意识地引导大学生发挥自己的战术风格，并在实战中合理运用自己擅长的战术，促进大学生的战术意识向风格鲜明的战术行动转变，从而提高大学生的战术能力，并充分彰显大学生的个性。

二、高校乒乓球战术技巧训练

（一）两点打一点

1. 左右落点的变化有规律

两点可以是 1/2 台、2/3 台或全台两大角。有规律地变化左右落点，如一左一右、一左两右或两左两右等。

2. 左右落点的变化无规律

在练习中，两点打一点者可使用一种或两种及两种以上的技术。一点打两点者可使用一种或两种以上的技术。这一点可以是反手位、正手位或中路；可以是推球、攻球、拉弧圈球。

（二）两点对两点

1. 两斜对两直

对抗双方分别打两条斜线和两条直线，而且不能变化线路。

2. 两直对一直一斜

两名攻球手多采用这一练习方式。一方只打直线，如正手位用正手打，反手位用反手打或正、反手分别各打两次直线。另一方用正手走动攻，如正手位攻一直一斜，侧身位攻一直一斜（图 8 - 32）。

3. 两斜对一斜一直

与上一种练习方法相似。一方只打斜线，如正手位用正手打，反手位用反手打或正、反手分别各打两次斜线。另一方用正手走动攻，如正手位攻一斜一

直，侧身位攻一斜一直（图 8-33）。①

4. 逢斜变直、逢直变斜

一方随意击球，如果是斜线击球，对方回直线，如果是直线击球，对方回斜线。

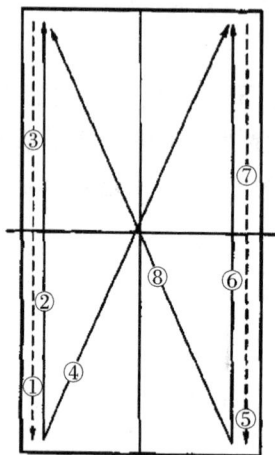

图 8-32　两直对一直一斜　　　　　图 8-33　两斜对一斜一直

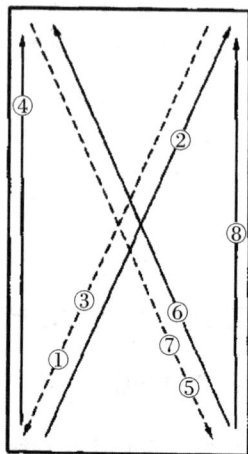

（三）三点打一点

三点者用正手攻或拉弧圈球，一点者可推球、拨球、削球。

（1）完全式的三点打一点练习（图 8-34）。

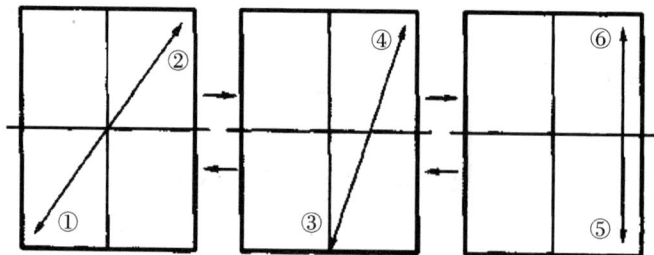

图 8-34　完全式的三点打一点

（2）不完全式的三点打一点练习（图 8-35）。

---

① 苏丕仁．乒乓球运动教程［M］．北京：高等教育出版社，2004.

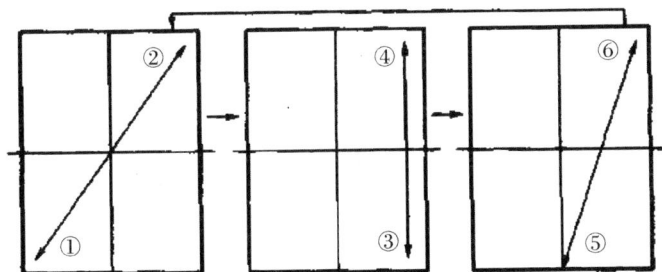

图 8 - 35 不完全式的三点打一点

（3）变化式的三点打一点练习（图 8 - 36）。

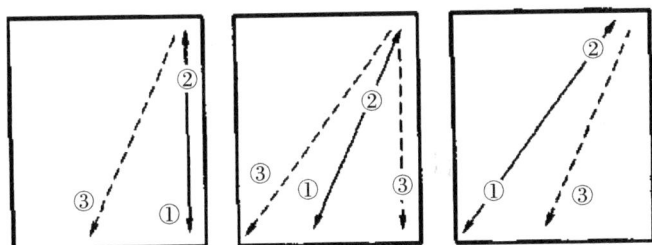

图 8 - 36 变化式的三点打一点

（四）三点对两点

三点者正手走动攻球或拉弧圈球；两点者正手位来球用正手打，反手位来球用反手打，如图 8 - 37 所示。

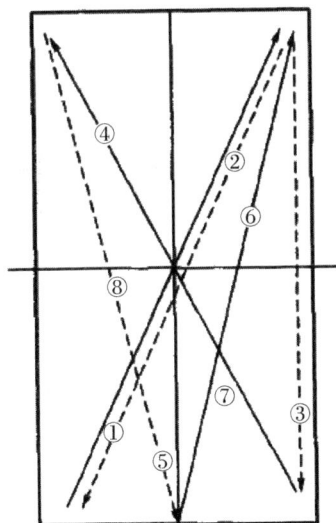

图 8 - 37 三点对两点

第六节　高校乒乓球战术训练方法

一、乒乓球单打战术训练方法

（一）以加强主动进攻、提高速决能力为目的的练习

为加强运动员的主动进攻能力，促进其速决能力的提高，可通过以下方法进行练习。

1. 采用单套发球机会进行抢攻和连续扣杀的练习

该练习可促进运动员单套发球技术质量的提高，这对于战术效能的充分发挥是非常有利的。

2. 采用多样发球找机会抢攻和连续扣杀的练习

该练习可促进运动员多样发球的变化能力的提高。

3. 利用单套或多样发球，结合其他战术进行进攻的练习

在发球后，找不到合适的进攻机会影响后面的主动权，通过该练习，可使运动员学会用不同的打法将对方进行控制，从而为之后的进攻创造良好的条件。

4. 竞赛方式

组织发球抢攻比赛，促进运动员实战能力的提高。

（二）以提高变化能力、为进攻创造条件为目的的练习

为促进运动员打法变化能力的提高，为进攻创造好的机会，可通过以下方法练习。

1. 在单套战术训练中，结合速度、力量旋转变化伺机扣杀的练习

采用该方法进行练习时，要重点利用战术的多变性将对手的节奏打乱，为自己创造好的进攻条件。

2. 在综合战术训练中，结合速度、力量旋转变化伺机扣杀的练习

在综合运用战术时，突然结合速度、力量或旋转等多样性的变化，创造更多的进攻或反击条件。

（三）以提高应变能力为目的的练习

为提高乒乓球运动员的快速应变能力，可通过以下几种方法进行练习。

1. 单套战术训练中攻防结合的练习

该练习可促进运动员单套战术中攻防结合能力的提高，从而能够使运动员

在应对各种突然变化时具有良好的适应性。

2. 在对方发球情况下，先防后攻的练习

该练习可提高运动员的防御及应变能力，能够使运动员在比赛中从容应对各种困难。练习时，先用防守回接对方的发球，有目的地把球送到一定位置上，利用对方的进攻来为自己的防御提高难度。

3. 在对方发球情况下，又防又攻的练习

对方主动发球时，运动员攻防结合的能力直接影响防守效果和之后的主动进攻，采用该练习方法可增强运动员的攻防结合能力。

（四）以提高战术质量、培养特长为目的的练习

为培养运动员的特长战术，提高其战术质量，可采用以下方法练习。

1. 单套战术的专门练习

该练习可以使运动员全面掌握某一套战术的各种运用方法，并能够高质量地运用这些战术方法。例如，在对攻或拉攻战术中，"攻两角"是一个完整的套系战术，具体包括的方法有双边直线，对角攻击，紧盯左角、突袭右角，紧盯右角、突袭左角，逢斜变直，逢直变斜等几种。在"攻两角"的战术练习中，运动员掌握的方法越多，其在比赛中就越能够随机应变，从而有很多的机会来获得主动。

2. 单套战术提高特长的练习

运动员依据自己的技术特点有针对性地掌握与学习某些战术的具体运用方法，久而久之就能够将其发展成自己的特长，使之变成自己的优势。

例如，在"攻两角"战术中，因为不同运动员的技术能力有差异，如一些运动员擅长直线，一些运动员擅长斜线，所以运动员在对各种具体方法有了较为全面的掌握的基础上，可以根据自己的技术特点来选用对角攻击或双边直线的方法进行重点练习，使之成为自己的特长和得分的关键部分。

二、乒乓球双打战术训练方法

（一）一人对两人的定点练习

一人对两人的定点训练主要有以下几种方法。

（1）定点击球练习。

（2）一点打两点，可限制在半台区域进行练习。

（3）进行半台对全台的练习。陪练方在半台向主练方的全台回击球。

（二）两人对两人的定点练习

陪练方和主练方的两名选手各自展开对练。陪练方两名选手的练习方式主要有以下几种。

（1）有序对无序。

（2）一点对两点。

（3）两点对一点。

（4）两点对两点。

（三）两人对两人的不定点练习

在双发战术训练中，两人对两人的不定点练习是非常重要的学练方法，具体形式如下。

（1）攻对攻练习。

（2）守对攻练习。

（四）发球和发球抢攻的练习

在发球和发球抢攻训练中，主要练习方法有以下几种。

（1）发球专门练习。

（2）发球与抢攻相结合的练习。

（3）比赛或计分练习。

（五）接发球和接发球抢攻的练习

在接发球和接发球抢攻训练中，主要练习方法有以下几种。

（1）接发球专门练习。

（2）接发球抢攻专门练习。

（3）比赛或计分练习。

（六）双打中的多球训练

双打训练中，多球训练同样具有良好的效果，具体练习方法有以下几种。

（1）击打目标练习。

（2）接发球练习。

（3）轮流发球练习。

（4）正反手削球练习。

（5）接长短球练习。

（6）削中反攻练习。

（7）搓中突击转连续攻击练习。

（8）双打走位练习。

（9）双人移动中两面攻练习。

（10）双人移动中扑攻练习。

（11）双人移动中攻下旋练习。

（12）扩大防守练习。

（13）综合练习。

参 考 文 献

陈杰，2020. "终身体育"理念下高校体育教学改革浅析［J］. 科教文汇（中旬刊），
　　（11）：131-132.

符鹏，2018. 高校乒乓球教学中方法多样化改革研究［J］. 才智，（31）：112.

龚涛，2020. 微课在高校乒乓球课教学中的运用刍议［J］. 才智，（20）：132-133.

贺奇乐，卫廷，杨琦，2020. "健康第一"理念下高校体育教学的改革创新［J］. 陕西教
　　育（高教），（06）：29-30.

胡茂全，2012. 江苏省普通高等体育教学评价的研究［J］. 南京师范大学，（5）.

胡亦海，2014. 竞技运动训练理论与方法［M］. 北京：人民体育出版社.

胡毅，朱旖旎，刘振，刘稳，2019. 普通高校乒乓球课教学内容的优化探究［J］. 体育风
　　尚，（9）：152.

黄丽秋，2014. 终身体育思想的形成及教学引领研究［D］. 长沙：湖南师范大学.

康厚良，刘擎志，赵丹，2018. 云南高校乒乓球运动课程与设施建设研究——以云南经济
　　管理学院为例［J］. 新西部，（36）：33-34.

兰彤，何艳，2008. 体育院校体育教育专业乒乓球课程内容设置创新研究［J］. 沈阳体育学
　　院学报，（5）：90-92.

李东升，闫志燕，2019. 云南省高校乒乓球运动开展现状研究［J］. 文体用品与科技，
　　（9）：70-71.

李冬阳，2020. 高校乒乓球课教学内容的优化与改革［J］. 拳击与格斗，（1）：86.

李林，杨成波，2011. 乒乓球竞赛组织与管理［M］. 成都：电子科技大学出版社.

李启迪，邵伟德，2014. 体育教学基本理论研究［M］. 北京：北京师范大学出版社.

李启迪，周妍，2012. 体育教学方法与手段甄异［J］. 体育与科学，33（6）：113-117.

刘呈浩，2020. 信息化教学手段在乒乓球教学中的应用［J］. 拳击与格斗，（12）：
　　108-109.

刘建和，2004. 乒乓球教学与训练［M］. 北京：人民体育出版社.

路富林，2013. 浅析乒乓球战术意识的培养［J］. 内江科技，34（03）：181，136.

马玲，2020. 教学环境对高校体育教学的影响与优化探究［J］. 创新创业理论研究与实践，
　　3（11）：47-48.

缪振尚，2013. 从技能角度看乒乓球运动的专项特征［J］. 当代体育科技，3（4）：

113-114.

曲红军，2003. 论体育教学方法的分类与选择［D］. 济南：山东师范大学.

苏丕仁，2004. 乒乓球运动教程［M］. 北京：高等教育出版社.

孙海棠，2020. 高校体育教学中体育教学环境的作用及优化途径［J］. 当代体育科技，10（22）：110-111＋114.

田继军，2020. 基于人本主义理念的高校体育教育教学改革路径［J］. 冰雪体育创新研究，（16）：32-33.

田伟，2020. 现阶段我国高校体育教学环境优化与发展探究［J］. 文体用品与科技，（01）：105-107.

佟晓冬，刘轶，2009. 体育教学设计与实践［M］. 沈阳：东北大学出版社.

王尔西，2020. 快乐体育教学理念在高校体育教学中的应用研究［J］. 作家天地，（21）：58-59.

王淑英，2012. 学校体育课程体系研究［D］. 石家庄：河北师范大学.

王勇，2020. 高校乒乓球教学的现状分析及优化途径研究［J］. 当代体育科技，10（29）：161-163.

王岳，2017. 辽宁省属普通高校乒乓球课程优化研究［D］. 大连：辽宁师范大学.

王蕴衡，2019. 多媒体在高校乒乓球教学中的影响以及运用研究［J］. 当代体育科技，9（11）：153＋155.

吴雪梅，2018. 微课教学模式在高校乒乓球教学中的应用探索［J］. 产业与科技论坛，17（24）：168-169.

许文鑫，2015. 中学体育课堂有效互动的理论与实证研究［M］. 北京：科学出版社.

杨领航，2007. 运动竞赛战术的研究与制定［J］. 攀枝花学院学报，（03）：110-112.

张词侠，2017. 微格教学在乒乓球动作技能教学中的应用［J］. 当代体育科技，7（16）：33-34.

张琳，2020. 创新教育理念的高校体育教学探究［J］. 冰雪体育创新研究，（16）：64-65.

张瑞林，2006. 乒乓球运动［M］. 北京：高等教育出版社.

张振华，2016. 体育教学理论与方法［M］. 北京：北京师范大学出版社.

中国乒乓球协会审定. 2017. 乒乓球竞赛规则2016［M］. 北京：人民体育出版社.

朱洪生，谢秀叶，李卫东，2020. 大学体育乒乓球课程教学内容设计——基于实战情境课程模式的应用［J］. 当代体育科技，10（18）：104-107，109.